Gobernanza de reguladores

Impulsando el desempeño del Regulador de Infraestructura de Transporte de Perú

El presente trabajo se publica bajo la responsabilidad del Secretario General de la OCDE. Las opiniones expresadas y los argumentos utilizados en el mismo no reflejan necesariamente el punto de vista oficial de los países miembros de la OCDE.

Tanto este documento, así como cualquier dato y cualquier mapa que se incluya en él, se entenderán sin perjuicio respecto al estatus o la soberanía de cualquier territorio, a la delimitación de fronteras y límites internacionales, ni al nombre de cualquier territorio, ciudad o área.

Por favor, cite esta publicación de la siguiente manera:
OECD (2020), *Impulsando el desempeño del Regulador de Infraestructura de Transporte de Perú*, Gobernanza de reguladores, OECD Publishing, Paris, *https://doi.org/10.1787/6b95ee9b-es*.

ISBN 978-92-64-69956-4 (impresa)
ISBN 978-92-64-83658-7 (pdf)

Gobernanza de reguladores
ISSN 2522-2198 (impresa)
ISSN 2522-2201 (en línea)

Imágenes: Ilustración de portada © Leigh Prather - Fotolia.com, © Mr.Vander - Fotolia.com, © magann - Fotolia.com.

Las erratas de las publicaciones se encuentran en línea en: *www.oecd.org/about/publishing/corrigenda.htm*.
© OCDE 2020

El uso del contenido del presente trabajo, tanto en formato digital como impreso, se rige por los términos y condiciones que se encuentran disponibles en: *http://www.oecd.org/termsandconditions*.

Prólogo

Los reguladores económicos supervisan el funcionamiento de los mercados para asegurar la prestación de servicios públicos de calidad y para brindar estabilidad a los inversionistas. Para cumplir con su rol, necesitan tomar e implementar decisiones imparciales, objetivas y basadas en evidencia, que puedan inspirar confianza en la administración pública. El modelo de regulación económica independiente, basado en una capacidad técnica sólida, transparencia, autonomía y participación constructiva con los actores interesados, ayuda a reforzar la legitimidad e integridad de los reguladores. Esto, a su vez, construye confianza y brinda soporte a los objetivos de política de alto nivel, los mismos que contribuyen a mejores resultados para la economía y la sociedad en su conjunto.

La OCDE ha desarrollado un marco para evaluar y fortalecer el desempeño organizacional y las estructuras de gobernanza de los reguladores económicos. El marco analiza la gobernanza interna y externa, incluyendo sus estructuras organizacionales, comportamiento, rendición de cuentas, procesos de negocio, presentación de reportes y la gestión del desempeño; así como, la claridad del rol, sus relaciones, y la distribución de poderes y responsabilidades con otros actores gubernamentales y no gubernamentales. El Marco para la Evaluación del Desempeño de los Reguladores Económicos de la OCDE (PAFER, por sus siglas en inglés), se basa en los Principios de Buena Práctica de los Reguladores Económicos de la OCDE, los cuales proponen un marco global de gobernanza para impulsar la mejora de su desempeño. Este informe aplica la metodología PAFER al Organismo Supervisor de la Inversión en Infraestructura de Transporte de Uso Público (OSITRAN). El reporte está nutrido del conocimiento adquirido por el Secretariado de la OCDE durante los estudios PAFER del regulador de telecomunicaciones de Perú (Organismo Supervisor de la Inversión Privada en Telecomunicaciones, OSIPTEL), y del regulador de energía y minería (Organismo Supervisor de la Inversión en Energía y Minería, Osinergmin), los cuales fueron publicados en el 2019.

El OSITRAN tiene un mandato único en Perú. Su función principal es vigilar la inversión privada en infraestructura de transporte de uso público a través de la supervisión del cumplimiento de los contratos de concesión otorgados por el estado peruano. Este reporte encuentra que los actores interesados reconocen la capacidad técnica del regulador, a quien se le ha encargado supervisar un número creciente de contratos a través de los años: el volumen total de contratos aumentó de USD 3.1 billones en 2006, a USD 15.2 billones en 2018. Sin embargo, el regulador opera en un contexto nacional complejo, donde reconstruir la confianza en las instituciones públicas constituye un desafío clave. Este informe subraya la importancia de crear un marco estratégico renovado que fortalezca la cultura interna del regulador y su sentido de propósito, y que a su vez pueda ser la base de relaciones renovadas con actores externos. El informe recomienda también potenciar los reportes de desempeño, implementar una estrategia consolidada de integridad e incrementar la eficiencia de las actividades de supervisión y fiscalización. Finalmente, este informe recomienda que los cuatro reguladores económicos de Perú trabajen juntos más eficazmente para compartir las mejores prácticas y para afrontar los retos comunes.

Este reporte es parte del programa de trabajo de la OCDE sobre la gobernanza de los reguladores y política regulatoria, liderado por la Red de Reguladores Económicos (NER, por sus siglas en inglés) y el Comité de Política Regulatoria de la OCDE, con el apoyo de la División de Política Regulatoria del Directorado de Gobernanza Pública de la organización. La misión del Directorado es ayudar a los gobiernos, en todos los niveles, a diseñar e implementar políticas estratégicas, basadas en evidencia e innovadoras, para apoyar el desarrollo sostenible a nivel económico y social.

Reconocimientos

Este informe fue preparado por el Directorado de Gobernanza Pública de la OCDE (GOV), bajo el liderazgo de Marcos Bonturi, Director, y Nick Malyshev, Jefe de la División de Política Regulatoria. El mismo fue coordinado y preparado por Anna Pietikainen, Claire Leger y Andrea Pérez. Comentarios sustanciales fueron proveídos por Miguel Amaral, Martha Baxter, Frederic Boehm, Lorenzo Casullo, James Drummond, y Nick Malyshev. Jennifer Stein coordinó el proceso editorial y Andrea Uhrhammer brindó apoyo editorial. Alejandro Camacho, del Centro de la OCDE en México, prestó su apoyo en la coordinación para la traducción del texto al español, la misma que se realizó por Gilda Moreno.

El equipo incluyó a tres revisores pares, quienes participaron en una misión a Perú y proveyeron importantes aportes y retroalimentación durante el desarrollo del estudio: Scott Streiner, Presidente y Director General de la Agencia de Transporte de Canadá (CTA, por sus siglas en inglés); Carlos de Regules, ex Director Ejecutivo de la Agencia de Seguridad, Energía y Ambiente de México (ASEA); y Iván Santos, Subdirector del Directorado de Transporte y Servicios Postales de la Comisión Nacional de los Mercados y la Competencia de España (CNMC).

Este reporte no hubiese sido posible sin el apoyo del OSITRAN. El equipo desea agradecer en particular a los siguientes colegas por su excepcional apoyo en la recopilación de datos e información, la organización de las misiones del equipo a Perú y la retroalimentación proporcionada en las diferentes etapas del desarrollo del estudio: Verónica Zambrano, Presidenta del Consejo Directivo; Juan Carlos Mejía, Gerente General; Ricardo Quesada, Gerente de Regulación y Estudios Económicos; Sandra Queija, Jefe de Estudios Económicos; Yessica Ochoa, Analista de Estudios Económicos; y, María Antonieta Merino, consultora externa del OSITRAN. Entrevistas y comentarios de las diferentes gerencias del OSITRAN, entidades reguladas, entidades del gobierno y actores interesados durante el proceso del estudio también contribuyeron al análisis presentado en el informe.

Este documento fue aprobado por la Red de Reguladores Económicos en su reunión décimo tercera, el 5 de noviembre de 2019, y preparado para publicación por el Secretariado de la OCDE.

Índice

Siglas y abreviaturas	9
Resumen ejecutivo	11
Evaluación y recomendaciones	14
Función y objetivos	14
Insumos	22
Proceso	26
Rendimiento y resultados	36
Notas	40
Referencias	41
1 Contexto institucional y sectorial	42
Instituciones	43
Contexto sectorial	45
Referencias	50
2 Gobernanza del OSITRAN	51
Función y objetivos	52
Insumos	58
Proceso	65
Rendimiento y resultados	79
Notas	81
Referencias	82
Annex 2.A. Objetivos estratégicos e indicadores de OSITRAN	83
Anexo A. Metodología	87

Cuadros

Cuadro 1. Organismos de administración pública participantes en el sector de infraestructura de transporte	18
Cuadro 2. Presupuesto anual y su ejecución, OSITRAN, 2015-2018	22
Cuadro 3. Objetivos estratégicos e indicadores del OSITRAN, de acuerdo con el marco de insumos-proceso-rendimiento-resultados de la OCDE	38
Cuadro 4. Ejemplo de los principales aspectos de una matriz por objetivo estratégico	39
Cuadro 1.1. Tipos de contratos de concesión	48
Cuadro 2.1. Funciones de los reguladores según la LMOR	52
Cuadro 2.2. Contratos supervisados	54
Cuadro 2.3. Organismos de administración pública participantes en el sector de infraestructura de transporte	55
Cuadro 2.4. Marco estratégico del OSITRAN	57

Cuadro 2.5. Presupuesto anual y su ejecución, OSITRAN 59
Cuadro 2.6. Proceso presupuestario del OSITRAN 59
Cuadro 2.7. Presupuesto del OSITRAN por departamento: Presupuesto Institucional Modificado (PIM), 2019 60
Cuadro 2.8. Personal del OSITRAN por categoría, 2014-2019 61
Cuadro 2.9. Personal del OSITRAN por gerencia, 2019 61
Cuadro 2.10. Personal femenino/masculino del OSITRAN por categoría, 2019 62
Cuadro 2.11. Escalas de remuneración en las entidades reguladoras de Perú 64
Cuadro 2.12. Conformación del Consejo Directivo 2007-2019 66
Cuadro 2.13. Sesiones de los Consejos de Usuarios en 2018 73
Cuadro 2.14. Consultas de los Consejos de Usuarios sobre tarifas en 2018 75
Cuadro 2.15. Órganos resolutivos administrativos del OSITRAN 75
Cuadro 2.16. Apelaciones y resultados 76
Cuadro 2.17. Tipos de supervisión 77
Cuadro 2.18. Reclamos recibidos por la GAU 77
Cuadro 2.19. Información solicitada en la Declaración Estadística 80
Cuadro 2.20. Plan Estratégico Institucional del OSITRAN 2019-2022 80

Cuadro de Anexo 2.A.1. Matriz de los objetivos estratégicos institucionales (objetivos estratégicos y acciones estratégicas institucionales) 83

Cuadro A A.1. Criterios para evaluar el propio marco de desempeño de los reguladores 89

Gráficas

Gráfica 1. Objetivos estratégicos del OSITRAN 2019-2022 20
Gráfica 1.1. Poderes del Estado Peruano 43
Gráfica 1.2. Estructura del poder Ejecutivo peruano 43
Gráfica 1.3. Sectores supervisados por el OSITRAN 45
Gráfica 1.4. Mapa de contratos supervisados por el OSITRAN 46
Gráfica 1.5. Cantidad de inversiones y número de contratos, 2006-2018 47
Gráfica 1.6. Distribución de inversiones por sector a diciembre de 2018 47
Gráfica 1.7. Principales entidades públicas que participan en APP 48
Gráfica 1.8. Evolución de la inversión privada para el fomento de obras públicas (1991-2018) 49
Gráfica 2.1. Objetivos Estratégicos Institucionales del OSITRAN, 2019-2022 57
Gráfica 2.2. Estructura organizacional del OSITRAN 70

Gráfica A A.1. Principios de las mejores prácticas de la OCDE en materia de gobernanza de los reguladores 89
Gráfica A A.2. Marco de insumos-proceso-rendimiento-resultados para los indicadores de desempeño 91

Recuadros

Recuadro 1. Renovación organizacional en la Agencia de Transporte de Canadá (CTA, por sus siglas en inglés) 16
Recuadro 2. Haciendo que la organización interiorice la misión, visión y principios de la Agencia de Seguridad, Energía y Ambiente de México (ASEA) 17
Recuadro 3. Ejemplos de foros económicos en Australia y Francia 20
Recuadro 4. El proceso inclusivo y colaborativo para establecer un marco estratégico en la Agencia de Protección Ambiental de Irlanda (EPA, por sus siglas en inglés) 21
Recuadro 5. Elaboración de presupuesto basado en recuperación de costos en Irlanda y Canadá 24
Recuadro 6. Política remunerativa independiente de la política del servicio civil en la Autoridad Reguladora de Agua y Saneamiento de Portugal (ERSAR, por sus siglas en portugués) 26
Recuadro 7. Registro ético de actores interesados en la Comisión Nacional para los Mercados y la Competencia de España (CNMC) 30
Recuadro 8. Las Oficinas de Integridad Institucional en el Perú 30
Recuadro 9. Principios de mejores prácticas de la OCDE: cumplimiento regulatorio e inspecciones 34
Recuadro 10. La estrategia de cumplimiento y supervisión de la Comisión de la Competencia y del Consumidor de Australia (ACCC, por sus siglas en inglés) 35

Recuadro 11. Recolección de información y participación de los actores interesados en la Autoridad de Energía y Servicios Públicos de Hungría (HEA, por sus siglas en inglés) 37
Recuadro 12. Indicadores clave de desempeño 40
Recuadro 2.1. Principales pasos de un proceso de selección 63
Recuadro 2.2. Selección y destitución del Consejo Directivo 67
Recuadro 2.3. Consejos de Usuarios del OSITRAN 73

Recuadro A A.1. Secuencia lógica de insumos-proceso-rendimiento-resultados 88

Siglas y abreviaturas

AFIN	Asociación para el Fomento de la Infraestructura Nacional
ACR	Análisis de Calidad Regulatoria
AIR	Análisis de Impacto Regulatorio
APN	Autoridad Portuaria Nacional
ATEE	Autoridad Autónoma del Sistema Eléctrico de Transporte Masivo de Lima y Callao
ATU	Autoridad de Transporte Urbano para Lima y Callao
CEPLAN	Centro Nacional de Planeamiento Estratégico
CGR	Contraloría General de la República del Perú
CODECO	Comisión Defensa del Consumidor y Organismos Reguladores de los Servicios Públicos
CPP	Constitución Política del Perú
GAJ	Gerencia Asesoría Jurídica
GAU	Gerencia de Atención al Usuario
GPPM	Gerencia de Planeamiento, Presupuesto y Modernización
GRE	Gerencia de Regulación y Estudios Económicos
GSF	Gerencia de Supervisión y Fiscalización
Indecopi	Instituto Nacional de Defensa de la Competencia y Protección de la Propiedad Intelectual
LMOR	Ley Marco de los Organismos Reguladores de la Inversión Privada en los Servicios Públicos
LOGR	Ley Orgánica de Gobiernos Regionales
LOM	Ley Orgánica de Municipalidades
LOPE	Ley Orgánica del Poder Ejecutivo
MEF	Ministerio de Economía y Finanzas
MINJUS	Ministerio de Justicia y Derechos Humanos
MTC	Ministerio de Transportes y Comunicaciones
NER	Network of Economic Regulators
OCI	Órgano de Control Institucional
OSINERGMIN	Organismo Supervisor de la Inversión en Energía y Minería
OSIPTEL	Organismo Supervisor de Inversión Privada en Telecomunicaciones

OSITRAN	Organismo Supervisor de la Inversión en Infraestructura de Transporte de Uso Público
PAFER	Performance Assessment Framework for Economic Regulators
PCM	Presidencia del Consejo de Ministros
PEDN	Plan Estratégico de Desarrollo Nacional
PEI	Plan Estratégico Institucional
POI	Plan Operacional Institucional
ProInversión	Agencia de Promoción de la Inversión Privada
REGO	Reglamento General del OSITRAN
REMA	Reglamento Marco de Acceso a la Infraestructura de Transporte de Uso Público
RETA	Reglamento General de Tarifas de OSITRAN
RIIS	Reglamento de Incentivos, Infracciones y Sanciones
SERVIR	Autoridad Nacional del Servicio Civil
SINAPLAN	Sistema Nacional de Planeamiento Estratégico
SUNASS	Superintendencia Nacional de Servicios de Saneamiento
SUTRAN	Superintendencia de Transporte Terrestre de Personas, Carga y Mercancías
TAA	Tribunal de Asuntos Administrativos
TSC	Tribunal de Solución de Controversias

Resumen ejecutivo

El Organismo Supervisor de la Inversión en Infraestructura de Transporte de Uso Público (OSITRAN) fue creado en 1998 como el regulador de infraestructura en el Perú. Este regulador supervisa el cumplimiento de los contratos de concesión en diversos sectores (aeropuertos, puertos, ferrovías, carreteras e hidrovías). Durante los últimos 20 años, el OSITRAN ha contribuido a la implementación de proyectos de importancia estratégica y económica en el Perú. Hoy en día, al igual que muchas otras entidades públicas peruanas, este regulador opera en un entorno sumamente complejo marcado por grandes escándalos de corrupción e inestabilidad política. La dirección del OSITRAN necesita reestablecer exitosamente la identidad del regulador para hacer frente a los desafíos, y para construir relaciones basadas en confianza y predictibilidad con los actores interesados. El OSITRAN puede aprovechar su madurez institucional como regulador para alcanzar estas metas y tiene la oportunidad de liderar con el ejemplo dentro de la administración pública peruana durante estos tiempos difíciles para el país.

Rol y objetivos

A lo largo de los años, al OSITRAN se le ha encargado la supervisión de un creciente portafolio de contratos, y cuenta con una buena reputación a nivel técnico entre los actores interesados. Sin embargo, el regulador se ha visto afectado por recientes casos de corrupción relacionados con inversiones en infraestructura, y su identidad y cultura interna también se han afectado como consecuencia de ello.

El OSITRAN supervisa obligaciones de treinta y dos contratos de concesión, en aspectos relacionados con la construcción de la infraestructura, ejecución de la inversión y calidad de los servicios. Más recientemente, este ha fortalecido su enfoque de empoderar al usuario. Si bien todas estas actividades son relevantes para el desempeño general de la infraestructura de transporte, podría haber un margen para un uso de los recursos más orientado a resultados.

Por otro lado, el OSITRAN lleva a cabo coordinaciones operacionales *ad-hoc* con otras entidades públicas; sin embargo, existe una falta de mecanismos formales de coordinación a nivel de todo el sistema.

Recomendaciones clave

- Revisar la misión, visión y marco estratégico del OSITRAN de un modo participativo que inspire y una al personal, y consolidar una estrategia para revitalizar su cultura interna.
- Implementar un enfoque estratégico claro en resultados para el sector y la sociedad. Esto permitirá un uso más eficiente de los recursos.
- Abogar por relaciones más estructuradas y colaborativas con otras entidades públicas, y buscar crear oportunidades para compartir buenas prácticas con otros reguladores en Perú e internacionalmente.

Insumos

El OSITRAN es mayormente financiado por recursos recibidos de las entidades reguladas. Por ley, el regulador es autónomo financieramente, pero esto es limitado en la práctica por reglas fiscales. Por ejemplo, desde el 2017, se les requiere a las autoridades públicas transferir sus saldos de balance al fisco si es que no son ejecutados dentro de un año fiscal determinado. Esto, resulta en la práctica, en la atribución de aportes de las entidades reguladas al financiamiento de actividades gubernamentales generales. Adicionalmente, el porcentaje del aporte para el presupuesto del regulador es fijado por ley en vez de ser definido de acuerdo a principios de recuperación de costos.

Los salarios y beneficios del personal están regidos por tres regímenes paralelos, lo cual puede afectar la motivación de sus colaboradores. Más aún, la definición de salarios máximos por parte del gobierno central puede reducir la capacidad de atraer personal. El OSITRAN está implementando estrategias para enfrentar estos desafíos, tales como el plan de manejo de talento y el programa de pasantías.

Recomendaciones clave

- En vista de la incertidumbre relativa al financiamiento, garantizar una priorización adecuada de las actividades durante la fase de elaboración del presupuesto, e introducir principios de recuperación de costos de actividades regulatorias.
- Compartir los impactos directos de las medidas fiscales que afectan el modelo de financiamiento del regulador, y abogar con otros reguladores peruanos para la revisión de las limitaciones legales sobre el uso de los recursos.
- Reducir las disparidades entre los diferentes regímenes laborales, y continuar implementando medidas para hacer del OSITRAN un lugar atractivo para trabajar.

Proceso

El Consejo Directivo lidera la toma de decisiones, pero sus recursos son insuficientes para desempeñar su amplio mandato. La Presidencia del Consejo tiene una posición de tiempo completo, mientras que los otros cuatro directores sólo ejecutan sus labores a un tiempo parcial muy limitado, por lo que tienen muy pocas oportunidades para contribuir en aspectos estratégicos.

Por otro lado, el OSITRAN ha implementado un número de ambiciosas medidas de integridad, anti soborno y éticas; sin embargo, su importancia es socavada por una aparente falta de estrategia unificada y comunicación de resultados.

Respecto al uso de buenas prácticas regulatorias, el OSITRAN fue pionero en la administración pública en la implementación de análisis de impacto regulatorio (AIR). Además, los Consejos de Usuarios del OSITRAN son mecanismos efectivos de participación para el diálogo con los usuarios.

Finalmente, el regulador supervisa múltiples obligaciones y dedica un gran porcentaje de sus recursos a inspecciones. La optimización de las actividades de supervisión y fiscalización es uno de los objetivos estratégicos del regulador; sin embargo, esto carece de una clara estrategia para priorizar actividades.

Recomendaciones clave

- Asegurar que los miembros del Consejo Directivo tengan suficiente tiempo, recursos e información para participar activamente en la toma decisiones y en el planeamiento estratégico de la institución.

- Consolidar las diferentes iniciativas de integridad bajo un solo marco con metas y objetivos claros, y desarrollar un código de ética especial para el OSITRAN, así como una estrategia exhaustiva de comunicaciones y entrenamiento.
- Mantener el impulso de la implementación del AIR y continuar los esfuerzos para mejorar las regulaciones de manera continua.
- Compartir la experiencia de los Consejos de Usuarios del OSITRAN y sus buenas prácticas con otros reguladores en Perú e internacionalmente.
- Mejorar la eficiencia de las inspecciones adoptando una estrategia basada en riesgo y cumplimiento; mejorar la transparencia con respecto a sus resultados; y continuar estandarizando criterios consistentes.

Rendimiento y resultados

El OSITRAN recolecta una gran cantidad de información de las entidades reguladas y produce reportes estadísticos. El regulador carece de tecnologías de la información relevantes para una mejor gestión de la data y no parece ser que la información recolectada sea convertida en evidencia para la toma de decisiones.

El regulador ha establecido un plan estratégico institucional de cuatro años (2019-2022) con indicadores principalmente enfocados en la implementación de actividades, más que en sus resultados. Su evaluación se realiza dos veces al año, pero estaría siendo poco utilizada para fines de rendición de cuentas. De este modo, el OSITRAN desperdicia una oportunidad de vincular su desempeño con el del sector y evaluar el impacto de las actividades del regulador en la calidad de los servicios. Aunque no es requerido por ley, el OSITRAN prepara y presenta un reporte anual al Congreso.

Recomendaciones clave

- Adoptar un enfoque integrado de la gestión de data y utilizar el acervo de información que recolecta para relacionarse constructivamente con los concesionarios, así como para formular evidencia para mejorar las regulaciones.
- Desarrollar indicadores enfocados en resultados para el nuevo marco estratégico que capturen la calidad de las actividades y su impacto en el desempeño del sector.
- Continuar monitoreando los indicadores dos veces por año y usar los resultados para fines de rendición de cuentas, mientras se continúa reportando anualmente al Congreso.

Evaluación y recomendaciones

En este estudio de evaluación de desempeño se examinan los mecanismos de gobernanza externa e interna del Organismo Supervisor de la Inversión en Infraestructura de Transporte de Uso Público (OSITRAN) de Perú y se presentan recomendaciones sobre políticas públicas dirigidas a mejorar el desempeño de dicho organismo regulador.

El OSITRAN es uno de los cuatro reguladores económicos creados en los años noventa para observar la transición de Perú a una economía liberalizada. El OSITRAN cumple con su mandato de supervisar la inversión privada en el sector del transporte mediante la supervisión de los contratos de concesión otorgados por el gobierno peruano. La capacidad técnica del regulador es reconocida por los actores interesados y con el paso del tiempo a OSITRAN se le ha asignado la responsabilidad de supervisar a un número cada vez mayor de sectores debido a su reconocida capacidad de cumplimiento (el volumen total de contratos supervisados por el OSITRAN creció de 3 100 millones USD en 2006 a USD 15 200 millones USD en 2018). Al igual que muchas entidades públicas de Perú, el OSITRAN opera hoy día en un entorno sumamente complejo debido a recientes escándalos en materia de corrupción que han sacudido al Estado y a la sociedad peruanos y han erosionado la confianza general en las instituciones públicas. La dirigencia del regulador puso en marcha diversas medidas para atender la necesidad de reconstruir la confianza en el ámbito interno y con los actores interesados. Para lograr que estas iniciativas rindan frutos, tendrán que establecerse metas muy altas que ayuden a restablecer con éxito la identidad y la cultura interna de un regulador enfocado y con alto rendimiento, así como para fomentar una relación cimentada en la confianza, la previsibilidad y la estabilidad con todos los actores. La madurez institucional de los reguladores de Perú en general brinda la oportunidad de alcanzar estas metas y puede también ofrecer la posibilidad de dirigir con el ejemplo en el seno de la administración pública peruana en estos momentos difíciles.

Función y objetivos

Estatus y mandato

El OSITRAN comparte un marco legal con los otros tres reguladores sectoriales creados en los años noventa, el cual establece algunos límites a su autonomía. Al ser fundado en 1998, se otorgó al OSITRAN autonomía técnica, administrativa, económica y financiera, pero, en vez de instituirlo como organismo independiente, se le adscribió al Ministerio de Transportes y Comunicaciones. En el año 2000, la Ley número 27332 (Ley marco de los organismos reguladores de la inversión privada en los servicios públicos, LMOR) reconoció la autonomía técnica, administrativa, económica y financiera de los cuatro reguladores económicos peruanos[1] y los adscribió a la Presidencia del Consejo de Ministros (PCM). Estos reguladores del sector, si bien son autónomos en cierta medida, están sujetos a la aprobación de la PCM en materia de procedimientos internos, así como para realizar cambios en la organización interna o viajes de funcionarios.

El OSITRAN se estableció en 1998 para supervisar la inversión privada en la infraestructura de transporte de uso público y los sectores que se encuentran en su ámbito de competencia se han ampliado en los últimos 20 años. Al ser creado, el regulador recibió un mandato para cuatro sectores (aeropuertos, puertos, vías férreas y carreteras) y se le facultó para supervisar los contratos de concesión, fijar y revisar las tarifas de los servicios y aportar opiniones técnicas sin carácter vinculante sobre la infraestructura de transporte a escala nacional. En 2011 se añadió a la cartera del OSITRAN la supervisión de los servicios del Sistema Eléctrico de Transporte Masivo de Lima y Callao (el metro de Lima). Este último es el único sector en el que el organismo regula la prestación de servicios, pero sin capacidad de fijar y revisar las tarifas para pasajeros, que es competencia ministerial. En 2017 se agregó a la cartera del OSITRAN la Hidrovía Amazónica, la primera del país.

El OSITRAN tiene una importante función de supervisión de las Asociaciones Público Privadas (APP) que rigen la mayor parte de la infraestructura de transporte de Perú, aunque los contratos son redactados y otorgados por otros actores. Los contratos son suscritos por el Ministerio de Transportes y Comunicaciones (MTC) y redactados por ProInversión, en coordinación con el MTC. Dichos contratos pueden ser cofinanciados por el Estado o ser autónomos y depender solamente de inversiones privadas. Desde 2018, un nuevo proceso de diseño de contratos de APP faculta al OSITRAN para emitir opiniones sobre las versiones iniciales de los contratos: con anterioridad, esto solo podía hacerse ex post, una vez negociados y finalizados los contratos. El Consejo Directivo del OSITRAN puede emitir una opinión técnica previa sobre los contratos de concesión a solicitud de ProInversión, así como sobre cualquier modificación del contrato a solicitud del MTC. Si bien dichas opiniones no son vinculantes, el regulador informa que en su mayoría sus opiniones se toman en cuenta. Por ley, el OSITRAN posee la facultad exclusiva de interpretar los contratos en caso de controversia. Por lo general, las tarifas son establecidas por contratos de concesión y, por consiguiente, principalmente por ProInversión y el MTC; sin embargo, en algunos casos en los contratos se asigna esta función al OSITRAN durante la implementación (por ejemplo, en el caso de tres contratos de concesión terrestres, el OSITRAN define el nivel de los peajes).

Al ejecutar su mandato, el OSITRAN cubre muchas funciones que pueden dispersar demasiado sus recursos. Al ejecutar su mandato de supervisar los contratos de concesión, el OSITRAN supervisa la eficiencia de las obras (en el caso de inversiones cofinanciadas) y es responsable de monitorear la inversión y la calidad de los servicios. En fecha más reciente, también reforzó su foco de interés en empoderar e informar mejor a los usuarios de la infraestructura de transporte, como lo demuestra su marco estratégico actual (Gráfica 1). Si bien todas estas actividades son pertinentes para el desempeño general de la infraestructura de transporte, puede haber margen para un enfoque más estratégico y un uso focalizado de los recursos en resultados del OSITRAN (por ejemplo, inversión y calidad de servicio). Esto es aún más importante en un contexto de recursos restringidos y medidas de austeridad por parte del gobierno central.

El OSITRAN cuenta con una buena reputación técnica, pero durante las últimas décadas su identidad se ha visto marcada por serios escándalos de corrupción relacionados con las inversiones en infraestructura en Perú. Desde 2018 el país se ha conmocionado con escándalos graves y trascendentales relativos a contratos otorgados por el Estado. Muchos de ellos tienen que ver con el sector del transporte. Los escándalos han implicado a los más altos niveles del gobierno y en algunos casos el OSITRAN ha estado directamente involucrado, aunque el regulador no haya tomado decisiones definitivas en materia de inversión. Desentrañar las redes masivas de corrupción en Perú y en todo el continente latinoamericano erosionó la confianza en las instituciones públicas e impactó también la identidad y la cultura interna del OSITRAN. El regulador ha empezado a atender las brechas de ánimo del personal, pero se requiere trabajar más para reunir a sus miembros con un sentido de propósito común. La creación de una institución orgullosa y unida que cuenta con ambiciosas medidas prointegridad y anticorrupción puede elevar al OSITRAN por encima de los golpes que ha recibido durante años y conformar la base para reconstruir la confianza con actores externos.

Recomendaciones

- **Revisar** la misión y la visión del OSITRAN de manera participativa con miras a lograr un futuro más inspirador, alentador y unificador para el regulador. Esta oportunidad puede usarse para emprender un "nuevo comienzo" para el organismo y formar la base para una cultura interna fortalecida y relaciones más eficaces y basadas en la confianza con los actores externos. Esta revisión deberá ser encabezada de manera unificada por la dirigencia y la alta administración del OSITRAN y solicitar la participación empoderada del personal de todos los niveles de la organización.
- **Consolidar** una estrategia orientada a impulsar la cultura interna y la identidad del OSITRAN. Eso incluirá continuar iniciativas como el "Diagnóstico Cualitativo y Cuantitativo de Brecha Cultural" y el "Plan de Alineamiento Cultural en OSITRAN", pero también reunirlas en el marco de una política coherente que resulte fácil de entender para el personal, fácil de supervisar y que se reporte a los empleados de manera transparente, centrándose en el mayor grado posible en el impacto y los resultados (cambios en actitud o comportamiento) más que en los insumos (número de sesiones de capacitación, entre otros).
- **Diseñar e implementar** una estrategia y un plan de comunicaciones de la nueva visión, misión y marco estratégico del OSITRAN, con distintas actividades y objetivos para los actores internos y externos. La estrategia requerirá un presupuesto y recursos especiales para su puesta en marcha.
- **Implementar** un claro foco de interés estratégico de las actividades del OSITRAN en los resultados del sector, la economía y la sociedad. Eso incluirá un uso más focalizado de los recursos restringidos y técnicos del regulador. También podría incluir evaluar cómo pueden algunas tareas de supervisión delegarse a terceras partes o ser implementadas directamente por concesionarios, al aplicar los principios de inspección basada en hechos, centrada en riesgos y proporcionalidad (Recuadro 1).
- **Garantizar** que la mayor focalización del OSITRAN en los usuarios se base en la evaluación del posible impacto en la carga de trabajo (por ejemplo, en el área de reclamos de usuarios) y que el enfoque a la protección del usuario armonice en todas las gerencias del OSITRAN. También sería esencial coordinarse con otras entidades públicas con responsabilidades en esta área.

Recuadro 1. Renovación organizacional en la Agencia de Transporte de Canadá (CTA, por sus siglas en inglés)

Durante el otoño de 2015, el liderazgo de la Agencia de Transporte de Canadá (CTA, por sus siglas en inglés), identificó la necesidad de llevar a cabo una renovación organizacional del regulador. Esto reflejaba el hecho que, a pesar de ser caracterizado por altos niveles de experiencia y profesionalismo, la CTA no tenía un sentido sólido de propósito común, no era particularmente dinámico o ágil, y tenía un nivel relativamente bajo de "reconocimiento del nombre", aun cuando proveía importantes servicios al público y a los actores interesados. Se tomaron tres pasos durante los siguientes dieciocho meses para afrontar estos desafíos:

- Primero, se diseñó e implementó una reorganización para agrupar funciones de modos que minimizaran la confusión del rol, eliminación de estratos de gestión, mejoramiento de la capacidad de análisis y el fomento de mayor colaboración interna y más respuestas ágiles a factores externos.
- En segundo lugar, la misión de la CTA fue re-articulada alrededor de tres mandatos esenciales: ayudar a asegurar que el sistema de transporte nacional funcione adecuada y eficientemente; proteger los derechos fundamentales de acceso al transporte de personas con discapacidad; y, proveer protección al consumidor a los pasajeros aéreos.

- Finalmente, y sobre la base de descripciones anteriores de objetivos organizacionales, pero reflejando necesidades actuales, se establecieron cuatro prioridades estratégicas: tener un marco legislativo y regulatorio moderno; excelencia en la prestación de los servicios; conocimiento del público y de los actores interesados de las responsabilidades y servicios de la CTA; y, tener una organización saludable y de alto rendimiento.

A través de estos esfuerzos de renovación, el Presidente de la CTA y el Comité Ejecutivo involucraron al personal regularmente, brindándoles múltiples oportunidades para proveer aportes y modelar los resultados, mientras se mantenía el impulso y se enfatizaba el uso de lenguaje simple, claro y convincente.

Este proceso resultó en el incremento de la motivación y productividad en la CTA, y en una mayor visibilidad y credibilidad frente al público, actores interesados, colaboradores en el gobierno, y en los medios de comunicación.

Fuente: Información proveída por la CTA, 2019.

Recuadro 2. Haciendo que la organización interiorice la misión, visión y principios de la Agencia de Seguridad, Energía y Ambiente de México (ASEA)

Creado en 2015 como parte de la reforma estructural del sector de energético de México, ASEA se encontraba bajo presión para crear un nuevo marco regulatorio en tiempo limitado. Era importante asegurar que todos los miembros de la organización entendieran la misión, visión y los principios que rigen al regulador. El enfoque era asegurar que todos los miembros de ASEA sintieran orgullo en su trabajo. El mensaje estaba centrado en la importancia de su trabajo: salvar vidas y proteger al medio ambiente, mientras se facilita un nuevo período de desarrollo económico y social en el país. Este proceso incluyó charlas introductorias y cursos sobre "el modo de hacer las cosas de ASEA", tanto para el nuevo personal, como para aquellos ya trabajando en la agencia.

Durante el proceso de dos semanas y media, el personal fue organizado en grupos de entre 10 y 15 miembros y fueron expuestos a los fundamentos de la institución durante una sesión con la duración de un día laborable: su mandato, marco estratégico (misión, visión y objetivos), principios rectores, procesos internos, modelo basado en riesgo y estructura organizacional. Algunos líderes de los diferentes departamentos fueron responsables de dirigir estos cursos cortos. Cada grupo terminaba su proceso de inducción con una conversación con el Director Ejecutivo. Éste, explicaba su entendimiento de la misión, visión y principios de ASEA y solicitaba a los participantes explicar su propio entendimiento. Al final de la reunión, el Director Ejecutivo solicitaba a los participantes que se pusieran de pie y confirmaran si estaban listos para comprometerse con estos conceptos y para llevar a cabo su trabajo de acuerdo con los principios rectores.

Finalmente, todos los miembros de ASEA agregaban su firma al "Muro del Compromiso" (muro principal en la oficina del directorio), en donde se encontraban escritos la misión, visión y principios de la institución.

Este proceso fue altamente valorado por el personal de ASEA, quienes sintieron que fue una estrategia genuina y personalizada que ayudó a construir un sentido de comunidad dentro de la organización.

Fuente: Información proveída por ASEA, 2019.

Coordinación institucional

Las responsabilidades de planificación y regulación de la infraestructura y los servicios de transporte son compartidas entre muchos organismos públicos que cuentan con una limitada coordinación estructurada, lo cual dificulta la transparencia y la previsibilidad. La política para el sector del transporte es establecida por el Ministerio de Transportes y Comunicaciones (MTC). ProInversión diseña los contratos en coordinación con el MTC, proceso al cual el OSITRAN puede contribuir con opiniones técnicas no vinculantes. El OSITRAN interactúa con regularidad con el Instituto Nacional de Defensa de la Competencia y de la Protección de la Propiedad Intelectual (Indecopi) en asuntos de protección al consumidor y competencia. Desde 2018, la Contraloría General de la República (CGR), la institución suprema de control, es uno de los organismos públicos a los que por ley se requiere que emitan opiniones sobre contratos preliminares. Además, la CGR interactúa con el OSITRAN al llevar a cabo sus funciones de control *ex post*. Hasta ahora, sin mecanismos estructurados establecidos, la interacción con otras entidades es informal y a menudo depende de las relaciones personales. Este complejo sistema de gobernanza crea posibles duplicidades y en algunas áreas, falta de claridad respecto a las funciones respectivas, en la negociación y supervisión de los contratos de concesión.

Cuadro 1. Organismos de administración pública participantes en el sector de infraestructura de transporte

Autoridades	Mandato	Interacciones con el OSITRAN
	TODOS LOS SECTORES	
Ministerio de Transportes y Comunicaciones (MTC)	Diseñar, regular e implementar la política de promoción y desarrollo del sector del transporte.	El MTC establece la política sectorial y desempeña la función de cedente de los contratos de concesión. El MTC puede solicitar al OSITRAN aportar comentarios y opiniones en relación con el marco legal y contractual bajo el campo de acción del regulador.
ProInversión	Organismo técnico especializado adjunto al Ministerio de Economía y Finanzas (MEF), responsable de la promoción de inversiones nacionales mediante asociaciones público privadas (APP) en servicios, infraestructura y otros proyectos estatales.	El OSITRAN participa en procesos en el marco de APP. ProInversión elabora contratos de concesión en coordinación con el MTC. Se solicita al OSITRAN que brinde opiniones no vinculantes para la aprobación de proyectos de contratos de concesión.
Contraloría General de la República (CGR)	La autoridad de mayor nivel del sistema nacional de control. Supervisa, vigila y verifica la correcta aplicación de las leyes y las políticas públicas, así como el correcto uso de los recursos y activos del Estado.	La CGR interactúa de manera regular con el OSITRAN mediante el Órgano de Control Institucional (OCI) de este último. En términos funcionales, el jefe del OCI responde a la CGR. El OSITRAN tiene facultades para supervisar, ejecutar e interpretar contratos de concesión. Al ejercer funciones de órgano de control, la CGR interactúa con el OSITRAN. Además, la CGR debe emitir una opinión no vinculante acerca de las versiones preliminares de los contratos con APP.
Congreso	Rama legislativa unicameral de 130 miembros	Solicita al OSITRAN que ofrezca comentarios sobre los temas de los proyectos de ley.
	PUERTOS	
Autoridad Portuaria Nacional (APN)	Organismo técnico adscrito al MTC que es responsable del desarrollo del sector portuario. La APN supervise el cumplimiento de los aspectos operativos y de seguridad de los puertos.	La APN puede requerir al OSITRAN que emita opiniones no vinculantes relativas al sector portuario y viceversa. En el sector portuario, las entidades reguladas son supervisadas por la APN y el OSITRAN.
Instituto Nacional de Defensa de la Competencia y de la Protección de la Propiedad Intelectual	Organismo independiente cuyo objetivo es brindar protección en materia de competencia y del consumidor. Evaluación de las condiciones de competencia en el	Las regulaciones portuarias establecen que el Indecopi tiene facultades para determinar si el mercado cuenta con condiciones de competencia dentro del marco de los procedimientos de fijación de tarifas portuarias.

Autoridades	Mandato	Interacciones con el OSITRAN
(Indecopi)	marco de la fijación de tarifas para la infraestructura portuaria.	
	TRANSPORTE PÚBLICO	
Autoridad de Transporte Urbano para Lima y Callao (ATU)	Organismo técnico adscrito al MTC y responsable de planificar, regular, gestionar y supervisar la operación del Sistema Integrado de Transporte de Lima y Callao. El organismo se creó en 2019 y absorbió a la ATTE (agencia antes responsable de gestionar el Sistema Eléctrico de Transporte).	La ATU planifica, regula y supervisa la operación del Metro de Lima. El OSITRAN supervisa el cumplimiento de las disposiciones del contrato de concesión.
Superintendencia de Transporte Terrestre de Personas, Carga y Mercancías (SUTRAN)	Organismo técnico adscrito al MTC y responsable de supervisar el cumplimiento de regulaciones para el transporte terrestre y los servicios de tránsito de alcance nacional.	En tanto que el OSITRAN supervisa la infraestructura de transporte de uso público, la SUTRAN supervisa los servicios de transportes. Hay coordinación *ad hoc* cuando los vehículos que transportan carga pesada pueden afectar tanto la infraestructura como los servicios de transporte.

Fuente: Información proporcionada por el OSITRAN, 2019.

La escasa previsibilidad de las solicitudes por parte del MTC genera estrés sobre los recursos del regulador. En general, las interacciones entre el regulador y el ministerio competente son fluidas y el MTC periódicamente (de manera formal e informal) solicita opiniones técnicas del regulador. El MTC suele proporcionar un margen de 10 a 15 días para que el OSITRAN responda a sus solicitudes, lo cual da poco tiempo para planificar y ejerce presión sobre los recursos del regulador. Puede resultarle difícil a este último cumplir de manera oportuna y el OSITRAN informa que a menudo necesita pedir prórrogas para poder responder.

Recomendaciones

- **Abogar** por una coordinación más estructurada y eficaz entre las entidades públicas implicadas en la planificación y la supervisión de la infraestructura de transporte y la inversión privada, en aras de fomentar la previsibilidad, la transparencia y la confianza en una forma que respete la independencia de las decisiones regulatorias del OSITRAN.
- **Exigir** activamente la creación de la plataforma de coordinación MTC-OSITRAN, con el fin de brindar notificación anticipada de solicitudes futuras del MTC a las que el regulador deberá responder. Además de crear un programa de trabajo previsible y transparente, dicha plataforma se utilizará para analizar y definir un periodo más prolongado de preparación de las opiniones técnicas por parte del regulador (de 10 a 15 días en la actualidad).
- **Formalizar** la buena coordinación operativa actual con otros organismos públicos mediante protocolos, grupos de trabajo regulares o memoranda de entendimiento y ofrecer mecanismos de coordinación más estructurados y permanentes.
- **Abogar** por establecer una relación colaborativa con la CGR, con miras a salvaguardar las decisiones regulatorias independientes y a la vez cumplir con los requerimientos del órgano de control.
- **Establecer** un foro de reguladores económicos de Perú para armonizar la comunicación externa respecto a la función de los reguladores económicos, compartir buenas prácticas (por ejemplo, el uso de herramientas de gestión regulatoria) y promover en conjunto la pertinencia de temas relacionados con la gobernanza. La dirigencia del grupo podría alternarse entre las autoridades regulatorias y el grupo tendrá que concentrarse en actividades y asuntos pendientes concretos, más que en establecer un sistema burocrático de colaboración.

- **Buscar** participar en algunas instancias, o crearlas, para compartir experiencias con otros reguladores del sector, más allá del nivel nacional. Esto podría implicar emprender la creación de un grupo informal para compartir experiencias entre los reguladores del transporte de todo el continente americano u otro grupo de países importante para Perú, como el Foro de Cooperación Económica Asia-Pacífico (APEC).

> **Recuadro 3. Ejemplos de foros económicos en Australia y Francia**
>
> En **Australia**, el "Foro de Reguladores de Servicios Públicos" (*Utility Regulators Forum*), tiene por objetivo facilitar el intercambio de información, entender los desafíos que enfrentan los reguladores, aplicar las funciones regulatorias de manera consistente y la revisión de nuevas ideas sobre prácticas regulatorias.
>
> En **Francia**, el "Club de Reguladores" (*Club des Régulateurs*) es un foro para reguladores económicos ya establecidos o nuevos, para compartir desafíos comunes en reuniones temáticas a lo largo del año, más recientemente en temas relacionados al manejo y privacidad de data. Una tercera parte, que es una institución académica, es la anfitriona durante los foros.
>
> Nota: Para mayor información, visitar el siguiente sitio web: https://www.accc.gov.au/about-us/consultative-committees/utility-regulators-forum y http://chairgovreg.fondation-dauphine.fr/fr/club.
> Fuente: Información Pública, 2019.

Objetivos estratégicos

El OSITRAN determina sus objetivos estratégicos para un periodo de cuatro años mediante un proceso interno participativo y pone este marco a disposición en su sitio web. Los objetivos estratégicos del regulador se establecen por medio de la Comisión de Planeamiento Estratégico Institucional, la cual es dirigida por el presidente del Consejo Directivo del OSITRAN e incluye a todos los gerentes de alto nivel. Los miembros del Consejo Directivo no forman parte de la Comisión y no participan en el establecimiento de los objetivos y la planificación estratégica de la institución; por otro lado, el proceso no implica consultar a actores externos. El Plan Estratégico Institucional (PEI) es el principal marco de referencia para la gestión de sus actividades internas y se pone en operación mediante un plan de trabajo anual (el Plan Operacional Institucional, POI) y las Acciones Estratégicas Institucionales (AEI).

Gráfica 1. Objetivos estratégicos del OSITRAN 2019-2022

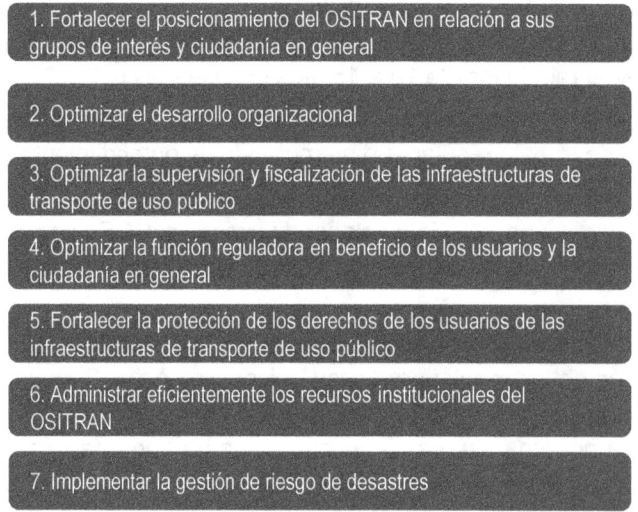

Fuente: (OSITRAN, 2019[1]).

Recomendaciones

- **Actualizar** el marco estratégico del OSITRAN (PEI)
    o   Incluir a equipos internos, miembros del Consejo Directivo, así como a actores externos en la definición de los nuevos objetivos estratégicos para un mayor sentido de pertenencia y comprensión del marco.
    o   Enfocar el marco estratégico en unos cuantos objetivos redactados con claridad e inspiradores para el personal. Los objetivos deberán incluir los relacionados con la economía, el sector o la sociedad enteros, así como aquellos más cercanos al regulador y sus procesos.
    o   Asegurarse de que los objetivos sean específicos, medibles, alcanzables, realistas y en tiempo (*SMART: specific, measurable, achievable, relevant, and time-based*).
    o   Definir una estrategia de presentación de informes y comunicación clara y accesible (por ejemplo, centrada en un lenguaje simple) en torno al nuevo marco estratégico, con un presupuesto específico.
- **Priorizar** objetivos y acciones de manera sistemática en el corto, el mediano y el largo plazos, proporcionando así una línea de tiempo para las acciones y los objetivos del PEI.
- **Seguir** realizando evaluaciones del PEI para priorizar sus acciones y sus recursos con eficacia y lograr los objetivos.

Recuadro 4. El proceso inclusivo y colaborativo para establecer un marco estratégico en la Agencia de Protección Ambiental de Irlanda (EPA, por sus siglas en inglés)

La Agencia de Protección Ambiental de Irlanda (EPA, por sus siglas en inglés), tiene una larga historia de planeamiento estratégico, siendo su primer plan publicado en 1998. Tanto los planes como el proceso de elaborarlos, han ido evolucionando a través del tiempo, siendo la intención direccionarlos hacia un mayor énfasis en los procesos de consulta y participación de los actores interesados, tanto a nivel interno como externo.

La Agencia opera en el marco del plan estratégico 2016-2020, "Nuestro Medio Ambiente, Nuestro Bienestar", el cual establece como metas:

- Ser un regulador medioambiental confiable.
- Ser un líder en evidencia y conocimiento medioambiental.
- Ser un defensor y colaborador del medio ambiente efectivo.
- Ser capaz de responder a desafíos medioambientales clave.
- Ser excelente organizacionalmente.

El proceso de planeamiento estratégico fue el más colaborativo alguna vez hecho en la institución. La Dirección General, en consulta con el equipo de alta dirección y el personal, establece los objetivos. Aportes del comité consultivo también son considerados. La alta dirección de la Agencia condujo cuatro talleres entre noviembre del 2013 y noviembre del 2014 para establecer las bases del trabajo estratégico.

Un borrador del plan estratégico 2016-2020 fue publicado en la página web de la Agencia para consulta pública. Un resumen también fue publicado en la página web respecto a los asuntos más importantes discutidos durante el proceso de consulta y una explicación de cómo se respondió a los mismos. (http://www.epa.ie/pubs/reports/other/corporate/occs/ConsultationIssuesResponse.pdf).

> El plan estratégico 2016-2020 fue presentado al ex Ministro de Medio Ambiente, Comunidad y Gobiernos Locales. El manual de gobierno corporativo de la Agencia señala lo siguiente: "una copia del proyecto del plan estratégico debe ser enviado para comentarios del Ministro o Departamento, que debería tener hasta 12 semanas para comentarlo".
>
> En 2018, la Agencia llevó a cabo una evaluación de medio término del plan estratégico 2016-2020 utilizando un proceso colaborativo que involucró más de 40 miembros del personal. Esta revisión produjo modificaciones a los objetivos y resultados. Un número de acciones fueron también revisadas.
>
> Fuente: Información proveída por EPA, 2019.

Insumos

Recursos financieros

El OSITRAN es financiado mayormente con recursos recibidos del sector regulado, pero este ingreso se ha reducido y el regulador siente que sus fondos son insuficientes. La LMOR establece que todos los organismos reguladores serán financiados por el sector regulado hasta 1% del ingreso del operador (aporte por regulación). Para el OSITRAN, el Decreto Supremo núm. 104-2003-PCM estipula contribuciones al nivel máximo de 1% a partir del 1 de enero de 2004 (en tanto que, en otros sectores, los reguladores reciben menos de 1% del ingreso del sector). El mismo nivel aplica para todos los subsectores de transporte que dependen del OSITRAN, excepto el metro de Lima, caso en el que el OSITRAN recibe hasta 2% de ingresos. En términos reales, entre 2017 y 2018, el presupuesto anual inicial del OSITRAN bajó 15%. De acuerdo con el OSITRAN, esto se explica por la disminución del ingreso de la industria, por un lado, y por una baja ejecución del presupuesto por parte de dicho regulador en años anteriores, por otro lado. Lo anterior fue tomado en cuenta por el MEF al decidir la asignación de presupuesto del OSITRAN. La ejecución del presupuesto por este último disminuyó a menos de 80% en 2016 y 2017 (de casi 100% en 2015) debido a un cambio en la dirigencia ocurrido en 2017.

Cuadro 2. Presupuesto anual y su ejecución, OSITRAN, 2015-2018

Expresado en millones de PEN

Año	2015	2016	2017	2018
Presupuesto inicial	66.5	84.0	93.8	79.9
Fondos complementarios	N/A	6.0	-1.4	4.7
Presupuesto institucional modificado (PIM)	N/A	90	92.4	84.6
Ejecución del presupuesto inicial (%)	96.2	79.4	78.8	97.2
Ejecución del presupuesto institucional modificado (%)	N/A	74.1	80	91.8

Notas: El presupuesto inicial proviene de fondos recaudados de las contribuciones regulatorias impuestas a las entidades reguladas. Los fondos complementarios son aprobados por el MEF.
Fuente: Información proporcionada por el OSITRAN, 2019.

La disponibilidad presupuestaria y la autonomía para gestionar los recursos son limitadas por las reglas del gobierno central y las recientes medidas de austeridad. Desde 2017, la Ley de Equilibrio Financiero requiere a todas las instituciones públicas que transfieran al Tesoro Público los fondos excedentes que no se ejecuten en un cierto año fiscal. El gobierno renovó esta medida para 2018 y 2019. Antes, los reguladores del sector podían conservar los fondos no ejecutados y acumularlos libremente a actividades financieras en los siguientes años. Puesto que la ejecución del presupuesto por parte del

OSITRAN algunas veces se ha ubicado en menos de 80%, los fondos no utilizados se han enviado al Tesoro Público. Esta práctica limita la autonomía del regulador para gestionar sus recursos y dirige el ingreso de las instituciones reguladas a financiar actividades gubernamentales generales y no las del sector regulado. Además, la PCM tiene poder de decisión sobre algunas asignaciones presupuestarias, entre ellas la aprobación de viajes al extranjero con fines de representación institucional, los cuales se han limitado actualmente por medidas de austeridad.

El presupuesto del regulador es restringido por límites máximos definidos en la ley y no de acuerdo con los principios de recuperación de costos. La Asignación Presupuestaria Multianual (APM) es comunicada por el MEF con base en el ingreso de la industria proyectado. La Gerencia de Planeamiento y Presupuesto (GPP) del OSITRAN prepara una propuesta de presupuesto, con referencia al POI y al desempeño histórico, y tomando en cuenta las aportaciones de departamentos internos. No obstante, la cantidad presupuestada total se fija de acuerdo con los recursos disponibles, recibidos sobre todo de las aportaciones de la industria, más que con la estimación de los costos relacionados con el cumplimiento del mandato del regulador.

Recomendaciones

- En vista de la incertidumbre relativa al financiamiento, **garantizar** una priorización adecuada de actividades durante la etapa de elaboración de presupuesto y planificación al establecer planes de trabajo anuales (plan operativo institucional, POI); un enfoque estratégico más claro en los resultados puede brindar una oportunidad para esta práctica.
- **Incorporar** principios de recuperación de costos de actividades regulatorias, utilizados por muchos reguladores económicos de los países de la OCDE, en el ejercicio de elaboración del presupuesto.
- Si los excedentes del presupuesto que ahora se transfieren al ministerio se devuelven al regulador, y cuando esto se haga, **aumentar** la transparencia en torno al uso de los fondos durante el siguiente ciclo financiero. Esta práctica será importante para mostrar que los fondos no utilizados recaudados de la industria no son retenidos durante largo tiempo por el regulador, sino, más bien, se ejecutan rápidamente en actividades de financiamiento que beneficiarán al sector o, en el grado que sea posible, se utilizan para disminuir la carga financiera para las instituciones reguladas siguiendo un modelo de recuperación de costos.
- **Documentar y compartir** los impactos directos de las restricciones y medidas de la administración central que afectan el modelo de financiamiento, la gestión financiera y las actividades del OSITRAN.
- **Participar** en un debate documentado y basado en evidencia con actores pertinentes respecto a la necesidad de tener recursos adicionales cuando se asignen nuevas funciones o tareas al regulador (por ejemplo, la supervisión de la concesión del Metro de Lima).
- Con base en el principio de utilizar los ingresos de la industria para recuperar los costos de actividades regulatorias, **abogar** junto con otros reguladores económicos por una revisión de las restricciones legales en materia financiera y de recursos humanos, incluidos límites máximos, decisiones ministeriales sobre asignaciones presupuestarias, absorción de cantidades acumuladas del presupuesto de los reguladores económicos, entre otros.

Recuadro 5. Elaboración de presupuesto basado en recuperación de costos en Irlanda y Canadá

Comisión para la Regulación de Servicios Públicos de Irlanda (CRU, por sus siglas en inglés)

La Comisión para la Regulación de Servicios Públicos de Irlanda es financiada completamente por contribuciones y pagos de licencias de entidades en los sectores de electricidad, gas, petróleo, seguridad y agua. Las contribuciones de los participantes del mercado constituyen la mayor parte de los ingresos del regulador. La CRU establece su propio presupuesto sin la participación del gobierno y es definido anualmente sobre la base de recuperación de costos en el último trimestre del año, y está basado en una estimación de su presupuesto operacional y de capital requerido para el siguiente año. El gobierno central no contribuye directamente al presupuesto del regulador y éste es aprobado por la Comisión sin la aprobación o evaluación previa del parlamento irlandés.

Presupuestos anuales para los sectores de electricidad, gas, petróleo y agua se asignan por la CRU para cada sector. Los ingresos, gastos generales y gastos de capital incurridos por cada sector son registrados separadamente para cada uno de ellos. Costos compartidos son asignados para cada sector en proporción al número del personal involucrado en las funciones. Costos vinculados a funciones administrativas compartidas tales como finanzas, recursos humanos, tecnologías de la información y comunicaciones son acumulados para todos los sectores.

Cuando los gastos anuales exceden los ingresos, el balance es compensado con los ingresos por contribuciones del siguiente año. Los balances de los sectores de electricidad, gas, petróleo y agua son registrados en sus respectivas cuentas y auditados anualmente por la Oficina del Contralor y Auditor General, quien reporta a la Comisión de Cuentas Públicas del parlamento irlandés. El regulador también conduce una auditoria interna anual, la misma que es tercerizada a una compañía auditora externa. Asimismo, sobre la base de una evaluación de riesgos, se define un fondo de contingencia anual para proveer flexibilidad para lidiar con potenciales desafíos legales o costos vinculados a casos o eventos de seguridad. Cualquier excedente en el ingreso en el año financiero es tomado en cuenta para determinar la contribución de la industria para el siguiente año por cada sector. La Comisión puede traspasar fondos no utilizados para usarlos el siguiente año sin la revisión o aprobación de entidades gubernamentales externas.

Regulador de Energía de Canadá (CER, por sus siglas en inglés)

Las Regulaciones basadas en Recuperación de Costos (*Cost Recovery Regulations*) establecen el modo en que el regulador determina sus costos relativos a la ejecución de su mandato y el proceso para recuperar todo o parte de estos costos de las entidades que regula. El sistema de recuperación de costos se sustenta en costos de tarifas de materias primas, las cuales son asignadas a entidades específicas dentro de los sectores (petróleo, oleoductos, gas, tuberías de gas, etc.). Si bien la CER desempeña las funciones administrativas de calcular, facturar y recolectar contribuciones de la industria basadas en recuperación de costos, hace ello en representación del Gobierno de Canadá y no tiene una autoridad de presupuesto. En vez de ello, las entidades reguladas pagan su parte de los costos recuperables al Fondo Consolidado de Ingresos de Canadá, y el regulador recibe su financiamiento a través de un proceso de apropiación anual a través del parlamento.

La CER tiene una Comisión de Enlace de Recuperación de Costos (*Cost Recovery Liaison Committee*), que está compuesta por personal del regulador y representantes de las entidades reguladas. El propósito de este Comité es:

- Proveer a la industria de una comprensión detallada de los costos de funcionamiento del regulador.

> - Proveer un foro para plantear problemas e inquietudes relativas a los procesos y métodos de recuperación de costos.
> - Discutir las Regulaciones basadas en Recuperación de Costos (*Cost Recovery Regulations*).
>
> Fuente: Información proveída por CRU y CER, 2019.

Gestión de recursos humanos

El OSITRAN reporta un alto nivel de salidas voluntarias e implementa medidas para revertir esta tendencia. Las renuncias voluntarias han sido la causa principal de la rotación de personal entre 2015 y 2018: 18% del personal renuncia al año (la rotación general es de 21.5%). Hay muchas renuncias por parte del personal técnico, lo cual plantea problemas para la continuidad del trabajo de alta especialización relativo a las APP. Si bien se reconoce al personal del OSITRAN como muy capaz, sus miembros no siempre han recibido capacitación para cubrir los diferentes sectores que el OSITRAN supervisa; más aún, en una encuesta aplicada al personal, los empleados expresaron su frustración respecto al sistema de capacitación. El OSITRAN admite esta dificultad y está implementando medidas para resolverla. Por ejemplo, el Plan de Alineamiento Cultural y el Plan de Gestión y Desarrollo de Talento 2019-2022 contienen recomendaciones fundamentales sobre el proceso de reclutamiento y selección, inducción, gestión de desempeño, capacitación y bienestar social del personal. El OSITRAN implementa también un programa nacional de reclutamiento para egresados de ingeniería, economía y derecho mediante programas de prácticas profesionales que suelen culminar con una plena contratación para atraer a los candidatos mejor calificados.

Los contratos, salarios y otras prestaciones del personal del OSITRAN son regidos por tres sistemas paralelos que pueden debilitar la motivación del personal y las prácticas de recursos humanos. Los tres regímenes laborales son regulados por tres regímenes distintos (las leyes 728, 1057 y 30057). A partir de septiembre de 2019, 45% de los empleados (139 de 310) trabajan bajo regulaciones laborales para el sector privado, que no suelen ofrecerse en las instituciones públicas (Ley 728). El régimen 728 ofrece contratos de duración indeterminada con beneficios completos. El número de puestos es fijo, lo cual implica que solo podrán hacerse contrataciones cuando se desocupa un puesto 728. El 55% de los empleados del OSITRAN (171 de 310) trabajan en puestos no permanentes regidos por la ley 1057, régimen para Contratos Administrativos de Servicios (CAS) que ofrece empleo no permanente con un contrato de duración fija a seis meses que puede renovarse sin limitaciones. Los contratos de los últimos seis meses del año deben terminar en diciembre y renovarse en enero. El régimen CAS también ofrece menos beneficios, como seguros o pensiones, a diferencia del régimen 728. En 2013, la ley SERVIR (30057) creó un nuevo régimen laboral como proyecto aplicable en toda la organización, el cual busca desarrollar un régimen de empleo unificado para todos los funcionarios públicos. Ahora el OSITRAN aplica el nuevo régimen solo a la presidenta del Consejo Directivo. Según el regulador, la migración al régimen SERVIR implicará una baja salarial para el personal actualmente empleado bajo el régimen de la Ley 728.

Como se establece por ley y se practica en todas las instituciones públicas peruanas, muchos puestos de alta dirección en el OSITRAN se asignan fuera del proceso de selección público y competitivo. La presidencia y el gerente general (GM) nombran a quienes ocuparán 23 puestos de alta dirección fuera del proceso de selección público y competitivo usual y sin un plazo límite. Dieciocho gerentes de alto nivel son nombrados bajo la modalidad "puestos de confianza" en aplicación del Decreto Supremo núm. 084-2016-PCM y cinco gerentes de alto nivel son nombrados directamente en aplicación de la Ley Marco del Empleo Público. Tres puestos del personal senior son nombrados por otras entidades públicas (Jefe del Órgano de Control Institucional, Procurador Público, Procurador Público Adjunto). Esta práctica, si bien está establecida en la ley y es regida por los manuales de recursos humanos de OSITRAN, puede crear una sensación de falta de transparencia en lo que respecta a contrataciones y nombramientos.

Recomendaciones

- **Intentar igualar** las condiciones para el personal entre los diferentes regímenes laborales al abogar por la puesta en práctica de un régimen unificado con beneficios semejantes. La creación de un solo régimen laboral será uno de los requisitos para desarrollar un personal unificado y motivado. Si bien es posible que dicha unificación deba ser progresiva, dar el primer paso en esta dirección enviará la señal adecuada al personal.
- **Promover** ante otros reguladores económicos que cualquier migración al régimen SERVIR no tendrá que implicar una baja salarial para ningún funcionario.
- **Implantar** requerimientos y procesos de reclutamiento transparentes y abiertos para todos los puestos de la autoridad regulatoria, incluida la alta dirección.
- **Continuar** la implementación del sistema de evaluación de desempeño que vincula los objetivos del personal y una política de recursos humanos basada en el reconocimiento del desempeño y la mejora del reconocimiento de competencias.
- **Desarrollar y llevar** a cabo sesiones de capacitación para abordar las necesidades actuales y las expectativas futuras en colaboración con el personal en funciones y mantener la pericia técnica.
- **Desarrollar y poner** en marcha un paquete más amplio de beneficios laborales para garantizar que el OSITRAN sea un sitio de trabajo atractivo.
- **Continuar investigando** sobre estrategias de reclutamiento para mantenerse como una opción atractiva para los recién egresados.
- **Dar** seguimiento a la implementación del Plan de Alineamiento Cultural y el Plan de Gestión y Desarrollo de Talento 2019-2022, e informar sobre los resultados al personal.
- **Compartir** buenas prácticas y resultados en términos de retención de talento y bienestar del personal en toda la administración nacional y otras autoridades regulatorias peruanas.

Recuadro 6. Política remunerativa independiente de la política del servicio civil en la Autoridad Reguladora de Agua y Saneamiento de Portugal (ERSAR, por sus siglas en portugués)

ERSAR tiene por ley una política remunerativa diferente en relación a otros servidores civiles. El salario de los miembros del Consejo Directivo es establecido por un Comité Remunerativo, bajo los términos definidos en la Ley Marco de Entidades Reguladoras de Portugal, el cual está compuesto por tres miembros: uno escogido por el Ministerio de Economía; otro, por el Ministerio responsable de la actividad económica que ERSAR regula (Medio Ambiente); y otro, escogido por ERSAR (Artículo 23). Las remuneraciones se determinan de acuerdo a la complejidad del sector y teniendo en cuenta salarios de referencia en el sector regulado y otro tipo de criterios relevantes.

Fuente: Información proveída por ERSAR, 2019.

Proceso

Órgano rector y toma de decisiones

El Consejo Directivo, encabezado por el presidente, es el órgano de toma de decisiones del regulador y se le pide cumplir con una amplia variedad de obligaciones principalmente ejecutivas, con recursos limitados. El presidente del Consejo ocupa un puesto ejecutivo de tiempo completo, en tanto que otros cuatro miembros del Consejo trabajan solo tiempo parcial. Estos últimos son remunerados por acudir a dos sesiones obligatorias del Consejo al mes y la ley, de manera expresa, prohíbe ofrecer alguna remuneración adicional (el presidente trabaja tiempo completo y es remunerado sobre esa base). Los miembros del Consejo de tiempo parcial toman decisiones sustentadas en informes proporcionados por los órganos internos del OSITRAN tres días antes de las reuniones y pueden consultar al personal técnico si tienen dudas, aunque no cuentan con empleados específicos de apoyo. El presidente o un grupo mayoritario de consejeros pueden solicitar que el Consejo se reúna de manera excepcional. Debido al poco tiempo disponible para reunirse mensualmente, en las reuniones del Consejo predominan los asuntos operativos y técnicos, más que los relacionados con la planificación estratégica. El Consejo también aprueba el PEI, el POI, el presupuesto institucional inicial, el balance general y los estados financieros auditados, así como el Informe de Rendición de Cuentas.

Los miembros del Consejo son nombrados por periodos escalonados de cinco años mediante un proceso que implica a diferentes actores del Ejecutivo peruano. A septiembre de 2019, el Consejo estaba formado por cuatro miembros, uno de los cuales es la presidenta, especializados en derecho, ingeniería y economía. En los últimos 10 años dos mujeres han sido miembros de dicho Consejo. Los consejeros son seleccionados mediante un proceso de varios pasos que incluye la revisión por parte de un comité de selección interinstitucional, la presentación de los candidatos seleccionados al presidente de la República por parte del presidente del Consejo de Ministros, el nombramiento por parte del presidente de la República mediante un Decreto Supremo y, por último, la ratificación de la PCM, el MEF y el MTC.

El OSITRAN es dirigido por el presidente del Consejo, con el apoyo del gerente general (GG). El presidente nombra al gerente general sin un proceso de reclutamiento abierto y puede cesarlo a su discreción. El GG tiene a su cargo las responsabilidades administrativas, operativas, económicas y financieras del OSITRAN, al implementar las políticas establecidas por el Consejo y el presidente. Asimismo, gestiona, coordina y supervisa a las gerencias del OSITRAN. En conjunto, el presidente y el gerente general presiden una reunión semanal con la alta dirección del OSITRAN. Un gran número de funciones de toma de decisiones se concentran en estos dos puestos ejecutivos, lo cual genera expectativas muy altas de las personas que los ocupan y centraliza el riesgo para la organización.

El OSITRAN ha puesto énfasis en convertirse en una institución que utiliza "cero papel", iniciativa que podría extenderse a la digitalización y estandarización generales de los procesos por parte de un regulador moderno y transparente. La dirigencia actual del regulador ha fijado objetivos ambiciosos respecto a mudarse del modo analógico de trabajar. Dichas iniciativas podrían continuarse con la digitalización de todos los procesos internos y regulatorios, en un esfuerzo por aliviar la carga para las instituciones reguladas y alcanzar mayor eficiencia operativa. Más aún, la toma de decisiones por parte del personal técnico podría hacerse más previsible y transparente al estandarizar, en la medida de lo posible, los criterios utilizados en este proceso, como la emisión de opiniones o interpretaciones técnicas. La interrelación entre los procesos digitales eficaces y los criterios previsibles exigiría tener una autoridad reguladora moderna y previsible.

Recomendaciones

- **Garantizar** que los recursos y la estructura del Consejo Directivo reflejen su mandato y sus obligaciones. De manera más concreta, velar por que el Consejo sea capaz de intervenir en asuntos estratégicos y en la dirección general del regulador. Ello podría incluir garantizar la participación del Consejo en la elaboración del marco estratégico del OSITRAN o la realización de retiros estratégicos trimestrales que puedan reunir, según sea necesario, a los miembros del Consejo y de la alta dirección con perspectivas externas.
- **Garantizar** que los miembros del Consejo tengan tiempo, recursos y asesoría suficientes para participar en la toma de decisiones. Ello podría incluir lo siguiente:

- o Proporcionar a dichos miembros información breve y consolidada que sustente una toma de decisiones más informada con anterioridad a las reuniones y con tiempo suficiente para revisar los datos y los documentos (más de los actuales tres días).
- o Considerar fortalecer los recursos de asesoría y apoyo existentes y, de ser necesario, asignar recursos adicionales a los miembros del Consejo. Esto podría incluir evaluar la posibilidad de crear una secretaría consultora especial para el Consejo.
- o Considerar proponer la especialización y la responsabilidad de ciertas áreas estratégicas y técnicas que podrían rotarse entre los miembros del Consejo.
- **Asegurar** la diversidad de las aportaciones y opiniones en el proceso de toma de decisiones. Esto podría incluir lo siguiente:
  - o Desarrollar oportunidades para reforzar la función de plantear cuestionamientos en la toma de decisiones.
  - o Incluir análisis de alternativas y justificación de la decisión propuesta para asuntos presentados al Consejo, cuando sean proporcionales a la decisión que se sopesa.
  - o Considerar delegar algunas de las decisiones que ahora se concentran entre el presidente del Consejo y el gerente general.
- **Continuar** los trabajos de digitalización y estandarización de los procesos:
  - o Consolidar los recientes trabajos de digitalización e ingeniería de procesos para digitalizar por completo los procedimientos y la comunicación con entidades reguladas.
  - o Estandarizar criterios congruentes para el análisis (opiniones sobre contratos, modificaciones, aplicación de sanciones, entre otros) tanto como sea posible, y emitirlos como resoluciones del Consejo para maximizar la transparencia y la previsibilidad.

Integridad y conflicto de intereses

El OSITRAN expresó su firme compromiso de actuar como líder en la administración pública peruana respecto a las medidas anticorrupción y ha trascendido los requerimientos del gobierno central para alcanzar este objetivo. El contexto nacional actual destaca la importancia de adoptar medidas firmes en todo el sector público para promover una cultura de rendición de cuentas y transparencia. El OSITRAN emprendió diversas iniciativas con esto en mente. Algunas de ellas son las siguientes:

- En febrero de 2019 el regulador adoptó una política de gestión antisoborno y creó dos mecanismos de denuncia[2], uno relativo a los alegatos de corrupción accesibles para el personal del OSITRAN y el público en general, y otro relativo a los alegatos generales respecto a concesionarios accesibles al público. Ambos mecanismos son implementados por el jefe del departamento de recursos humanos y se asignan como responsabilidad del gerente general.
- Una Resolución Presidencial de 2019 establece principios éticos generales para el personal del OSITRAN, incluida la prohibición de sobornos y conflictos de intereses.
- El OSITRAN obtuvo en 2019 la certificación ISO 37001 para el Sistema de Gestión Antisoborno.
- En mayo de 2019 se nombró a un oficial de cumplimiento a cargo de la aplicación eficaz de la política antisoborno.
- Las actividades de concienciación incluyen sesiones de capacitación para nuevos empleados y correos electrónicos enviados al personal.
- Al igual que otras instituciones públicas, el OSITRAN es regido por los principios éticos del Código de Ética de la Función Pública (Ley núm. 27815) y tiene que implementar el modelo de integridad y las Oficinas u Oficiales de Integridad Institucional ('OII') previstos en la política anticorrupción del gobierno (Decreto Supremo 092-2017-PCM) y en la resolución de Secretaria de Integridad Publica

n°001-2019-PCM/SIP. Algunas disposiciones de la ley se relacionan con los conflictos de intereses, pero no específicamente con la influencia indebida.
- Asimismo, se requiere al OSITRAN que publique en su sitio web una lista de todas las reuniones privadas sostenidas con las entidades reguladas, incluidos los nombres y las funciones de los participantes, los aspectos debatidos y cualquier conclusión a la que se haya llegado. Sin embargo, se carece de protección explícita de los procesos de participación contra posibles conflictos de intereses. Deberá evitarse la captura y los conflictos de intereses mediante procesos de participación, con el fin de protegerse de presiones por parte de actores con intereses especiales.

La importancia estratégica declarada de estas medidas actualmente está debilitada por una aparente falta de articulación en su implementación y la comunicación de los resultados. Las medidas en vigor combinan una serie de requerimientos de toda la administración pública y medidas específicas adoptadas por el OSITRAN. Se acompañan de cierta capacitación, pero parece haber poco seguimiento a los resultados de la actividad de concienciación, pues la vigilancia se centra en los insumos (por ejemplo, el número de sesiones de capacitación). Además, las personas que ahora dedican su tiempo a promover la agenda de integridad y anticorrupción en el interior de la organización aparentemente lo hacen además de su "trabajo diario". Si bien esto garantiza la apropiación de varias áreas de la organización, ejerce presión sobre los recursos y puede debilitar la importancia estratégica de esta agenda para la dirigencia del OSITRAN.

Recomendaciones

- **Consolidar** las diversas políticas e iniciativas de integridad, anticorrupción y ética del OSITRAN dentro de un solo marco. Esta estrategia consolidada (modelo de integridad institucional) deberá tener una meta general y objetivos claros que apunten mucho más allá de los requerimientos del gobierno central.
- **Consolidar** la protección de los denunciantes y los mecanismos y políticas de denuncia.
- **Desarrollar**, como parte del modelo de integridad institucional, un código de conducta especial del OSITRAN, que armonice con la Recomendación de la OCDE sobre Integridad Pública.
- **Desarrollar y poner** en marcha un enfoque de política a los conflictos de intereses de los participantes que puedan surgir en los procesos de participación de los actores para protegerse de la captura.
- **Garantizar** la constancia y la continuidad del apoyo y la comunicación de los objetivos y la implementación del modelo de integridad institucional y la política de denuncias, por parte de la dirigencia y la alta administración del OSITRAN. Esto deberá incluir enviar mensajes congruentes desde la alta dirección (por ejemplo, boletines informativos, discursos de alto nivel para los empleados, intranet organizacional, memoranda y medios sociales, entre otros), así como guiar con el ejemplo la revelación de posibles conflictos de interés y comportarse con transparencia. Esto podría empezar con medidas sencillas como ratificar una revelación de posibles conflictos de interés anualmente o cada vez que un nuevo proceso comienza.
- **Desarrollar y poner** en marcha una estrategia interna e integral de comunicaciones y capacitación como parte del modelo de integridad institucional y una política de denuncias dirigida a concienciar sobre las medidas existentes y asegurar la aceptación de los involucrados; además, informar de los resultados y las actividades de manera transparente. Es recomendable asignar los recursos adecuados para el diseño y la implementación de las actividades de comunicación y capacitación.
- **Asignar** recursos y personal especializados a la implementación de la estrategia, incluido un miembro específico del personal para dirigir esta etapa ("oficial en jefe de integridad"). Además de dotar de personal específico, deberán asignarse suficientes recursos financieros a: actividades de concienciación para el personal y las instituciones reguladas, capacitación, supervisión,

seguimiento y revisión del modelo de integridad institucional y la política de denuncias para garantizar una implementación eficaz, en línea con las recomendaciones de la OCDE relativas a las oficinas de integridad institucional en Perú (Recuadro 8).

Recuadro 7. Registro ético de actores interesados en la Comisión Nacional para los Mercados y la Competencia de España (CNMC)

En 2016, la Comisión Nacional para los Mercados y la Competencia de España (CNMC), la autoridad integrada regulatoria y de competencia, creó un registro de transparencia público, gratuito y voluntario. Este registro es un mecanismo institucional que tiene como objetivo incrementar la transparencia en las contribuciones externas a las actividades desarrolladas por la CNMC. Considerando que los aportes externos eran valiosos para la toma de decisiones adecuada del regulador, el registro hace visible los intereses que son perseguidos, por quiénes y con qué presupuestos. En este sentido, el registro permite escrutinio público, proveyendo a los ciudadanos y a otros grupos de interés la posibilidad de conocer de las actividades de gestión.

Cualquier actor vinculado a la actividad de la CNMC puede ser parte del registro de transparencia, incluyendo compañías, asociaciones profesionales, sindicatos, consultores o firmas de abogados.

Ser parte del registro de transparencia implica, en adición de cumplir con el marco legal, el cumplimiento del código ético que incluye los siguientes compromisos:

- Informar a la CNMC sobre los intereses representados.
- Aceptar que parte de la información de la reunión será publicada.
- Evitar acciones que puedan crear conflictos de interés con el personal de la CNMC.
- Evitar que el personal de la CNMC incumpla la ley mediante la obtención de presentes o servicios que pudieran afectar su integridad.
- Abstenerse de obtener información confidencial ejecutando acciones deshonestas en su relación con la CNMC.

A pesar de ser voluntario, el registro de transparencia incluye 519 registrados, incluyendo desde su creación 286 compañías, 120 consultoras y 104 organizaciones no-gubernamentales.

Fuente: Información proveída por la CNMC, 2019.

Recuadro 8. Las Oficinas de Integridad Institucional en el Perú

En el Perú, el Plan Nacional de Integridad y Lucha contra la Corrupción (PNILC) 2018-2021 impulsó la creación del sistema funcional de integridad y lucha contra la corrupción en las instituciones del sector público a través de las Oficinas de Integridad Institucional. Estas Oficinas u Oficiales de Integridad Institucional (OII) tienen el potencial de convertirse en actores claves para asegurar la implementación de una cultura organizacional favorable a la integridad, adoptada al contexto y riesgos de cada entidad pública y al mismo tiempo asegurando un marco coherente. En el trabajo de apoyo al Perú en tema de Integridad, la OCDE resaltó que las OII deberían enfocarse en la prevención de la corrupción y la promoción de la integridad al interno de cada organización.

> Concretamente, las OII deberían liderar la promoción de una cultura de integridad organizacional y articular los esfuerzos de implementar el modelo de integridad peruano en cada entidad pública En este sentido, la OCDE recomendó que las OII desempeñen las siguientes funciones:
> - Apoyar a los servidores públicos en la identificación de riesgos de corrupción y contra la integridad, y asesorar a las unidades internas en la selección de controles efectivos y eficientes.
> - Liderar en la incorporación de medidas de integridad en los planes de la entidad pública.
> - Participar en los Comités de Control Interno y contribuir desde allí al monitoreo conjunto del control interno.
> - Comunicar en materia de integridad pública tanto al interno, a todos los empleados; como al externo, a los actores interesados y a los usuarios, de las funciones de la entidad. Esto incluye la comunicación de los avances de la implementación del modelo de integridad y de los resultados de las evaluaciones.
> - Sensibilizar a los servidores públicos en aspectos de integridad pública y recordarles sus obligaciones.
> - En coordinación con la Oficina de Recursos Humanos, apoyar en el desarrollo de un plan de capacitación interno en materia de integridad y asegurar su implementación.
> - Orientar y asesorar a los servidores públicos respecto a dudas, dilemas éticos, situaciones de conflictos de interés, canales de denuncias, medidas de protección existentes, así como sobre otros aspectos relacionados a políticas de integridad.
> - Monitorear, con apoyo de la Secretaría de Integridad Pública, la implementación del modelo de integridad institucional.
> - Vigilar el cumplimiento de los procesos de denuncias y de la aplicación de medidas de protección. Esto incluye asegurar que las unidades responsables de recibir denuncias, investigar y sancionar, tengan el personal adecuado y realicen sus funciones con celeridad y en tiempo oportuno.
> - Recolectar información sobre denuncias y sanciones como fuente de información para enfocar mejor sus medidas preventivas. Por ejemplo, concentrar ciertas actividades de capacitación o comunicación a las áreas o procesos que generaron más denuncias que otras.
> - La entidad pública podría designar la OII como la encargada de la aplicación de la Ley de Transparencia y Acceso a la Información Pública (Ley 27806). Si se decide mantener estas dos áreas separadas, se debería asegurar una efectiva coordinación entre las áreas de integridad y transparencia.
>
> Para cumplir de manera efectiva con estas funciones, es importante que el oficial o las OII reporten directamente al titular de cada entidad y contén con cierto grado de autonomía administrativa y financiera. Igualmente, se resalta el papel de apoyo y coordinación de la Secretaria de Integridad Pública, que es la rectora de las políticas de integridad en el Perú y el principal aliado de las OII.
>
> Fuente: (OCDE, 2019[2]), Oficinas de Integridad Institucional en Peru.

Herramientas y prácticas de calidad regulatoria

Evaluaciones ex ante y ex post

El OSITRAN ha sido pionero entre los organismos gubernamentales de Perú en la aplicación de Análisis de Impacto Regulatorio (AIR), junto con otros reguladores del sector, con lo que contribuye a la previsibilidad y confianza en el proceso regulatorio. Como respuesta al Estudio de la

OCDE de 2016, *Política Regulatoria del Perú*, el PCM empezó a desarrollar un marco para el Análisis de Calidad Regulatoria (ACR) que requiere disponer de un AIR en el caso de regulaciones que incorporan procesos administrativos. El OSITRAN, de manera independiente y en paralelo, desarrolló y publicó en 2018 el Manual de Análisis de Impacto Regulatorio, con directrices para aplicar el AIR en todas las decisiones regulatorias. En febrero de 2019 se había realizado un AIR completo y estaban en proceso otros dos. El alineamiento del marco del gobierno central y el del regulador será clave para avanzar con éxito y los reguladores en general necesitarán participar con el PCM para asegurarse de que sus enseñanzas sobre el uso de buenas prácticas regulatorias se tomarán en cuenta en sus marcos nacionales.

El OSITRAN revisó su acervo completo de regulaciones de acuerdo con el Análisis de Calidad Regulatoria (ACR) del PCM. La Secretaría Técnica de la Comisión Multisectorial de Calidad Regulatoria validó 12 de los 15 procedimientos administrativos que se sometieron a análisis por parte de la ACR en noviembre de 2018. En abril de 2019 se aprobó una nueva regulación ACR.

Recomendaciones

- **Mantener** el impulso hacia la plena aplicación del nuevo sistema AIR y continuar trabajando para mejorar las regulaciones de manera continua.
- **Utilizar** las lecciones aprendidas de la evaluación de todo el acervo de regulaciones para ampliar las evaluaciones ex post como un componente congruente y automático de la formulación de políticas en el OSITRAN.

Participación de los actores interesados

La mayor concentración del regulador en la protección al consumidor y la satisfacción del usuario se ha traducido en una participación de los actores periódica y decidida. El OSITRAN cuenta con varios Consejos de Usuarios nacionales y regionales que reportan altos niveles de satisfacción al participar con el OSITRAN recurriendo a los procedimientos y mecanismos existentes. El presidente del Consejo Directivo convoca a la elección de los miembros de los Consejos de Usuarios para un periodo bianual y la Gerencia de Atención al Usuario (GAU) se desempeña como Secretaría Técnica durante las sesiones de dichos consejos. El regulador convoca a por lo menos dos sesiones ordinarias de los Consejos de Usuarios al año para brindar información pertinente sobre las infraestructuras concesionadas, así como para reunir las principales solicitudes presentadas por los miembros de los Consejos de Usuarios. La agenda se prepara en coordinación con el presidente o con el gerente general, según convenga.

El OSITRAN constantemente colabora con instituciones reguladas mediante consultas obligatorias por escrito y audiencias públicas sobre tarifas y proyectos regulatorios, pero no existe una consulta sistemática en etapas iniciales. Las consultas pueden realizarse bien sea antes o después de decidir emitir una regulación. También se llevan a cabo reuniones privadas con entidades reguladas y organizaciones representantes de usuarios, a su solicitud, para compartir comentarios sobre las propuestas de tarifas. El OSITRAN prepara de manera sistemática una matriz de comentarios que reúne los planteados por los actores con una evaluación sobre si se les considera y cómo.

El OSITRAN asigna alta prioridad a la transparencia en sus actividades y en la toma de decisiones. Tiene el compromiso de publicar todas las decisiones regulatorias, de supervisión y normativas en su sitio web, con el sustento de información no confidencial pertinente utilizada para dictar dichos fallos. Asimismo, publica en su sitio web información sobre sus actividades, incluida una lista de las reuniones realizadas y de los asistentes, y utiliza las redes sociales para difundir material informativo a una gran audiencia. Por último, las entidades y los Consejos de Usuarios están satisfechos con la disponibilidad y la accesibilidad de los datos y la información utilizados por el Consejo Directivo para tomar decisiones.

Recomendaciones

- **Compartir** con otros reguladores peruanos y del ámbito internacional la experiencia del Consejo de Usuarios y las buenas prácticas.
- **Alinearse** con las mejores prácticas en materia de consulta pública y ofrecer de manera sistemática retroalimentación ante los comentarios recibidos.

Supervisión y fiscalización

El OSITRAN se encarga de supervisar el cumplimiento de todas las obligaciones establecidas en 32 contratos de concesión, lo que convierte en un reto la priorización y la gestión de recursos. El regulador supervisa un gran número de obligaciones de 32 contratos de concesión en cinco diferentes sectores, incluyendo las de construcción de las infraestructuras. El regulador considera que las inspecciones permanentes sobre el terreno son la mejor estrategia para cumplir con este mandato. Por consiguiente, dedica un alto porcentaje de sus recursos a la supervisión y la inspección (de hecho, de 310 miembros del personal de OSITRAN, 125 se centran en labores de supervisión y fiscalización). Dada la importante cantidad de recursos necesarios para dichas actividades, el PEI 2018-2022 establece como uno de los siete objetivos estratégicos el de "optimizar las actividades de supervisión e inspección".

Al asignar prioridades, el regulador suele responder a los reclamos de los usuarios y también priorizar la inspección de infracciones de las obligaciones contractuales clave. De acuerdo con el Plan Anual de Supervisión 2019, el regulador prioriza las actividades de supervisión e inspección que garantizan la provisión adecuada de servicios para usuarios. En dicho plan se describen los tipos de inspecciones, los niveles de servicio y las obligaciones supervisadas por infraestructura y concesionario. No obstante, carece de una clara estrategia de priorización y un enfoque basado en riesgos más armonizado con las mejores prácticas internacionales en esta área.

La supervisión y fiscalización son funciones centrales del OSITRAN y las entidades reguladas perciben al OSITRAN como autoridad sancionadora. El presupuesto de la Gerencia de Supervisión y Fiscalización del OSITRAN representa 43% del Presupuesto Institucional Modificado y 40% del personal del OSITRAN trabaja en ella. Si bien el OSITRAN puede brindar la oportunidad de corregir una infracción sin aplicar sanciones y penalidades, el regulador recurre en gran medida a sancionar para lograr el cumplimiento. Sin embargo, el regulador reconoce la importancia de fortalecer la función de prevención y cumplimiento, y se orienta a lograr una estrategia en la que sancionar sea la última opción. Las entidades reguladas han expresado que les gustaría recibir más orientación del OSITRAN respecto a políticas operativas que cubran el cumplimiento, así como revisiones de aplicación y decisiones en general y la manera como se vigilará en particular su observancia de las regulaciones y los contratos. Eso contribuirá a que las entidades reguladas tengan confianza y comprendan lo que se espera de ellas y cómo se supervisará, juzgará y aplicará en caso de infracciones de la ley o de un contrato.

Recomendaciones

- **Incrementar** la eficiencia de la supervisión y fiscalización al priorizar mejor el uso de los recursos públicos. Trabajar con ahínco para convertirse en un organismo supervisor proactivo con una clara estrategia de priorización que tome en cuenta un enfoque basado en riesgos.
- **Aumentar** la eficiencia al adoptar una estrategia de supervisión y fiscalización dirigida a alcanzar el cumplimiento y basada en riesgos, y utilizar las soluciones que la tecnología regulatoria (regtech) ofrece.
- **Aligerar** la carga del personal del OSITRAN al aumentar de manera constante el uso de supervisores externos y mecanismos de reporte, así como al emplear soluciones ofrecidas por herramientas digitales y electrónicas.

- **Continuar estudiando** métodos del proceso de aplicación de sanciones para promover que el cumplimiento se logre usando sanciones solo como último recurso, con miras a alcanzar las conductas deseadas más que a castigar a las entidades reguladas.
- **Proseguir** la estandarización de criterios congruentes para realizar análisis (opiniones sobre contratos, modificaciones, aplicación de sanciones, entre otros) cuando sea posible, y emitirlos como resoluciones del Consejo para una transparencia y previsibilidad máximas.
- **Considerar organizar** actividades de sensibilización para las entidades reguladas respecto a cómo se vigilará su cumplimiento de las regulaciones y los contratos (por ejemplo, foros y material de divulgación en los medios).
- **Desarrollar** material de orientación que ayude a comprender estos aspectos y apoyar a las entidades reguladas a lograr el cumplimiento de contratos y regulaciones.
- **Poner** a disposición políticas operativas que cubran aspectos de cumplimiento, así como revisiones de inspecciones y decisiones.
- **Aprovechar** el Plan Anual de Supervisión para desarrollar una Estrategia de Supervisión y Fiscalización que garantice mayor transparencia en las inspecciones y sus resultados. Por ejemplo, el regulador podría utilizar el resultado de los procesos de sanciones administrativas o judiciales (una vez finalizados) para alentar a otras entidades reguladas a mejorar sus prácticas. La estrategia podría reflejar prioridades de ejecución anuales para sustentar la toma de decisiones.

Recuadro 9. Principios de mejores prácticas de la OCDE: cumplimiento regulatorio e inspecciones

1. Cumplimiento basado en evidencias. El cumplimiento regulatorio y las inspecciones deberán basarse en evidencias y en la medición: la decisión sobre qué inspeccionar y cómo hacerlo deberá sustentarse en datos y evidencias, y los resultados deberán evaluarse con periodicidad.
2. Selectividad. La promoción de normas de cumplimiento e inspecciones deberá dejarse en manos de las fuerzas del mercado y las acciones del sector privado y la sociedad civil siempre que sea posible: las inspecciones no pueden ser omnipresentes y cubrir todos los aspectos y hay muchas otras maneras de lograr objetivos regulatorios.
3. Enfoque en riesgos y proporcionalidad. El cumplimiento tiene que basarse en el riesgo y ser proporcional: la frecuencia de las inspecciones y los recursos empleados deberán ser proporcionales al nivel de riesgo y las acciones de aplicación deberán dirigirse a reducir el riesgo real representado por las infracciones.
4. Regulación responsiva. El cumplimiento deberá basarse en principios de "regulación responsiva": las acciones de inspección y cumplimiento deberán dosificarse según el perfil y la conducta de empresas específicas.
5. Visión de largo plazo. Los gobiernos deberán adoptar políticas y mecanismos institucionales sobre cumplimiento regulatorio e inspecciones con objetivos claros y con una hoja de ruta a largo plazo.
6. Coordinación y consolidación. Las funciones de inspección deberán coordinarse y, de ser necesario, consolidarse: una menor duplicación y superposición asegurarán un mejor uso de los recursos públicos, minimizarán la carga de las entidades reguladas y maximizarán la eficacia.
7. Gobernanza transparente. Las estructuras gubernamentales y las políticas de recursos humanos para el cumplimiento regulatorio deberán sustentar la transparencia, el profesionalismo y la gestión orientada a resultados. La ejecución del cumplimiento regulatorio tendrá que ser independiente de la influencia política y las iniciativas de fomento del cumplimiento deberán recompensarse.

8. Integración de información. Las tecnologías de la información y la comunicación deberán utilizarse para maximizar el foco en los riesgos, la coordinación y el intercambio de información, así como el óptimo uso de los recursos.
9. Proceso claro y justo. Los gobiernos deberán garantizar la claridad de las reglas y los procesos de cumplimiento e inspecciones: es necesario adoptar y promulgar una legislación congruente para organizar inspecciones y cumplimiento, que manifieste con claridad los derechos y las obligaciones de los funcionarios y de las empresas.
10. Fomento del cumplimiento. Es preciso promover la transparencia y el cumplimiento mediante el uso de instrumentos adecuados, como orientación, guías y listas de verificación.
11. Profesionalismo. Los inspectores deberán ser capacitados y dirigidos con miras a garantizar el profesionalismo, la integridad, la congruencia y la transparencia; ello requiere mucha capacitación centrada no solo en competencias de inspección técnicas sino también genéricas, así como directrices oficiales para los inspectores que contribuyan a garantizar la congruencia y la equidad.

Fuente: (OECD, 2014[3]), Regulatory Enforcement and Inspections, OECD Best Practice Principles for Regulatory Policy, París, https://doi.org/10.1787/9789264208117-en.

Recuadro 10. La estrategia de cumplimiento y supervisión de la Comisión de la Competencia y del Consumidor de Australia (ACCC, por sus siglas en inglés)

En Australia, la Comisión de la Competencia y del Consumidor de Australia (ACCC, por sus siglas en inglés) desarrolló una estrategia de cumplimiento y supervisión que se comunica a todos los actores interesados. La agencia utiliza cuatro estrategias integradas para lograr los objetivos de cumplimiento:

- Promover el cumplimiento con las regulaciones educando e informando a los consumidores y compañías sobre sus derechos y obligaciones.
- Hacer cumplir las regulaciones, incluyendo la resolución de posibles contravenciones, tanto desde el punto de vista administrativo y judicial como del de resultados formales de cumplimiento.
- Realizar estudios de mercado o comunicar los problemas emergentes de la competencia o de los consumidores con la perspectiva de identificar fallas en el mercado y cómo abordarlas, así como apoyar e informar las medidas de cumplimiento e identificar las áreas posibles para consideración en las políticas.
- Trabajar con otras agencias para implementar estas estrategias, incluyendo enfoques coordinados.

La ACCC es selectiva con los asuntos que inspecciona. También es selectiva para elegir los sectores en los que participa en temas de educación y análisis de mercado. La Comisión establece prioridades anuales de cumplimiento y supervisión para sustentar la toma de decisiones.

Al decidir la herramienta de cumplimiento o supervisión a utilizar, la primera prioridad siempre es lograr el mejor resultado para la comunidad y gestionar el riesgo de manera proporcionada. Las acciones de supervisión del regulador tratan de maximizar su impacto en los sectores regulados. Por ejemplo, la agencia usa el resultado de un proceso judicial para motivar a que otros actores de la industria mejoren sus prácticas.

> La función de la ACCC es enfocarse en las circunstancias que pudieran dañar el proceso competitivo u ocasionar un daño extendido a los consumidores. Por lo tanto, la ACCC ejerce discreción al dirigir los recursos en asuntos que proporcionan el mayor beneficio general.
>
> Cada año, la ACCC revisa sus prioridades. Estas se establecen después de realizar consultas externas y una evaluación de los problemas actuales o posibles y su impacto en los asuntos regulados. La ACCC anuncia públicamente sus prioridades en febrero de cada año. Las prioridades son lanzadas con el objetivo de promover el cumplimiento de todo el mercado con las regulaciones y para manejar las expectativas públicas en cuanto a la habilidad del regulador de hacerse cargo de asuntos adicionales fuera de sus áreas de prioridad. Un número de actores interesados clave en Australia responden activamente al anuncio de las prioridades de la ACCC y toman medidas activas para mejorar el cumplimiento.
>
> Fuente: Información proveída por la ACCC, 2019.

Apelaciones

Los ciudadanos y las empresas tienen acceso a un sistema de revisión administrativa que forma parte del OSITRAN, pero las apelaciones pueden demorarse y ha habido retrasos en el nombramiento de miembros de los órganos de solución de controversias. Los diferentes órganos de apelación ubicados en el interior del OSITRAN cuentan con abogados e ingenieros que atienden y fallan sobre los asuntos que se les presentan. Sin embargo, aún está pendiente el nombramiento de algunos de ellos. Los integrantes del Tribunal de Solución de Controversias son nombrados por la PCM y dos de cinco miembros aún no han sido nombrados. Por otra parte, el Tribunal de Asuntos Administrativos se creó como segunda instancia para apelaciones contra sanciones impuestas por la Gerencia de Supervisión y Fiscalización (GSF) (por ejemplo, sanciones por incumplimiento de los niveles de servicio). Sus miembros son nombrados por el Consejo Directivo a propuesta de la presidencia del OSITRAN. Hasta la fecha, los miembros del Tribunal de Asuntos Administrativos no han sido nombrados y sus funciones son ejercidas por la Gerencia General del OSITRAN. Los usuarios y ciudadanos en general pueden presentar quejas con facilidad en el sitio web del regulador.

Recomendaciones

- **Abogar** por el nombramiento oportuno de los miembros de los tribunales administrativos por la PCM y el Consejo Directivo.
- **Abogar** por la simplificación del sistema actual de revisión administrativa. Dicha simplificación deberá aplicar mejores prácticas en el área de la justicia administrativa (especializada, simplificada y eficiente) y podría realizarse junto con otros reguladores peruanos con órganos similares de solución de controversias y reclamos.

Rendimiento y resultados

Evaluar el desempeño de las entidades reguladas

El OSITRAN reúne una gran cantidad de datos e información de las entidades reguladas y genera informes estadísticos de carácter periódico. La Declaración Estadística es la herramienta principal utilizada por el regulador para recabar información de las entidades reguladas. Hasta la fecha las entidades reguladas han presentado más de 16 000 declaraciones estadísticas. El OSITRAN informa sobre los contratos bajo su supervisión mediante varios canales diferentes, incluido un boletín informativo mensual en el que se resumen datos pertinentes (sobre tránsito, ingresos y tendencias) en cuatro sectores (sin incluir la Hidrovía Amazónica), los cuales se publican en su sitio web, así como informes estadísticos bimestrales más detallados que incluyen información de cada contrato de concesión. Los informes estadísticos sectoriales ilustran adecuadamente y con transparencia la evolución en el tiempo de los principales indicadores para cada concesionario.

El OSITRAN gestiona un cúmulo de datos y considera que carece de recursos suficientes para manejarlos de manera sistemática. Pese a la abundancia de información disponible, el OSITRAN no cuenta con las herramientas de TI pertinentes que permitirían gestionar mejor una base de datos. Además, si bien el regulador publica informes periódicos y documentos de trabajo sobre el tránsito y los ingresos relacionados con los contratos de concesión, no parece convertirlos en información o evidencia que podría utilizarse para guiar decisiones relativas al desarrollo y las políticas regionales. El OSITRAN está plenamente al tanto de estos retos y está empezando a implementar tecnologías de la información para gestionar de manera eficaz la información estadística sobre el desempeño de las entidades.

Recomendaciones

- **Utilizar** la gran cantidad de información en poder del OSITRAN para participar con los concesionarios en la provisión de servicios, por ejemplo, mediante eventos públicos anuales, así como para formular evidencia del desempeño de las concesiones al Ejecutivo a favor de mejorar la regulación y las políticas.
- **Adoptar** un enfoque integral a la gestión de datos para evitar flujos de datos engorrosos y mejorar el intercambio de datos con las entidades reguladas.
- **Continuar** implementando tecnologías de información para gestionar con eficacia la información estadística sobre las entidades reguladas y el desempeño del sector.
- **Reforzarse** las herramientas de TI y analíticas en todas las gerencias, en particular en la GSF y en la Gerencia de Regulación y Estudios Económicos (GRE), encargadas de revisar la información y generar reportes e indicadores.

Recuadro 11. Recolección de información y participación de los actores interesados en la Autoridad de Energía y Servicios Públicos de Hungría (HEA, por sus siglas en inglés)

La Autoridad de Energía y Servicios Públicos de Hungría (HEA, por sus siglas en inglés) regula el mercado de energía y servicios públicos en Hungría, supervisando sectores de importancia estratégica tales como electricidad, gas natural, calefacción distrital, agua y manejo de residuos. Las competencias de la HEA incluyen licenciamiento, supervisión, regulación de precios, protección al consumidor y estadísticas de energía.

Como un organismo oficial de estadística, la HEA desempeña funciones relativas a estadísticas nacionales de energía y cumple con obligaciones de reporte de data a organismos nacionales e internacionales. La HEA recopila las estadísticas mensuales y anuales y requiere una gran cantidad de información detallada de las entidades reguladas. Como parte del Programa Nacional de Recolección de Data Estadística, la HEA se relaciona con alrededor de 5 700 proveedores de data.

En el 2019, la HEA recibió preguntas de actores interesados, relacionadas a sus actividades de recolección de datos y reportes en el sector hídrico. En este proceso, la HEA comprendió que estaba poniendo mucha carga en los proveedores de información, y utilizó esto para cambiar su estrategia de recolección de data. La HEA organizó diversas reuniones durante el transcurso del año con las asociaciones de los proveedores de servicios en el sector hídrico y revisó sus bases de datos. Como resultado del proceso de revisión, la HEA simplificó sus hojas para requerir data y redujo la cantidad de información recolectada de los proveedores de servicios. La HEA también decidió realizar talleres regulares y reuniones directas con actores interesados regulados, con la finalidad de ayudarlos a proveer información correcta y confiable. El primer reporte que tiene en cuenta estos comentarios será publicado en el 2020.

Otro ejemplo de participación de los actores interesados fue la evaluación de satisfacción del consumidor. El predecesor de la HEA, la Oficina de Energía de Hungría, empezó encuestando los niveles de satisfacción en los sectores de electricidad y gas natural más de 20 años atrás. Esta actividad ha sido un requerimiento legal en el sector energético, y en el sector hídrico se adicionó esta práctica después de que al regulador le fueron atribuidas sus competencias en este sector. Desde el 2016, la HEA también lleva a cabo evaluaciones de satisfacción al consumidor en los sectores hídrico y de calefacción distrital.

La HEA publica regularmente cómo monitorea a las compañías para establecer mejores relaciones con ellos y para aprender de experiencia internacional.

Fuente: Decimotercera reunión de la Red de Reguladores de la OCDE, http://www.mekh.hu/introduction.

Evaluar el desempeño del regulador

El OSITRAN definió un plan estratégico institucional que no incluye objetivos para el sector o la política sectorial. Los siete objetivos del Plan Estratégico Institucional (PEI 2019-2022) se clasifican en dos categorías: prioridades de primer orden (tipo 1) y prioridades de segundo orden (tipo 2). En el PEI 2019-2022 las tres principales prioridades de la institución (tipo 1) se centran en optimizar las actividades de cumplimiento e inspección, optimizar la función regulatoria para beneficio de los ciudadanos y reforzar la protección de los usuarios. El objetivo número 7 (implementar la gestión de riesgo de desastres) es un requisito establecido por las reglas del Centro Nacional de Planeamiento Estratégico (CEPLAN) y debe formar parte de los marcos estratégicos de todos los organismos públicos de Perú. Solo un objetivo (el 4: Reforzar los conocimientos por parte de los actores y los ciudadanos de la función del OSITRAN) contempla el impacto externo; los demás se enfocan en los procesos del OSITRAN y en su propio desempeño (objetivos de gestión o intermedios), lo cual propicia un marco estratégico que podría ser mejor balanceado.

Cuadro 3. Objetivos estratégicos e indicadores del OSITRAN, de acuerdo con el marco de insumos-proceso-rendimiento-resultados de la OCDE

Prioridad	Objetivo estratégico	Indicador	Tipo de indicador
1	Optimizar las actividades de supervisión e inspección (OEI.03)	Índice de eficiencia de supervisión y fiscalización	Proceso
1	Optimizar la función reguladora para beneficio de los usuarios y los ciudadanos (OEI.04)	Índice de cumplimiento de la función reguladora	Proceso
1	Fortalecer la protección de los derechos del usuario (OEI.05)	Índice de protección del usuario	Rendimiento
2	Reforzar el conocimiento de la función del OSITRAN por parte de los actores y los ciudadanos OEI.01)	Porcentaje de conocimiento del OSITRAN	Resultados
2	Optimizar su desarrollo organizacional (OEI.02)	Índice de desarrollo organizacional	Proceso
2	Gestionar los recursos institucionales con eficiencia (OEI.06)	Índice de gestión de recursos	Input
2	Implementar la gestión de riesgo de desastre	Número de estudios de implementación	Proceso

Fuente: Análisis de la OCDE con base en los objetivos estratégicos del OSITRAN.

Cada objetivo estratégico tiene diversas acciones estratégicas con un indicador por cada una. El PEI incorpora una matriz por objetivo estratégico, la cual incluye la descripción del objetivo en cuestión y su principal indicador, así como las acciones estratégicas y sus indicadores. La medición puede ser complicada debido al gran número de indicadores (41). Además, los indicadores de acción estratégica se centran sobre todo en la implementación de actividades, planes y proyectos. El seguimiento se realiza dos veces al año, a medio año y al final de este.

Cuadro 4. Ejemplo de los principales aspectos de una matriz por objetivo estratégico

Objetivo estratégico (OEI) núm. 2

Código	Descripción	Nombre del indicador
OEI.02	Optimizar el desarrollo organizacional	Índice de desarrollo organizacional
	Acciones Estratégicas (AEI)	
AEI.02.01	Cultura organizacional del OSITRAN fortalecida	Porcentaje de implementación del Plan para fortalecer la cultura organizacional
AEI.02.02	Procesos estratégicos, operativos y de soporte del OSITRAN optimizados	Porcentaje de optimización de procesos
AEI.02.03	Atención presencial al usuario del OSITRAN fortalecida	Número de consultas atendidas por "oficinas desconcentradas"
AEI.02.04	Contratos para la acción supervisora en concesiones gestionada eficazmente en el OSITRAN	Porcentaje de procesos de selección eficientes
AEI.02.05	Política de mejora regulatoria con estándares OCDE implementada en el OSITRAN	Porcentaje de implementación del Plan de Estándares de Política Regulatoria de la OCDE
AEI.02.06	Sistema de gestión del conocimiento implementada en el OSITRAN	Porcentaje de implementación del Plan de Gestión del Conocimiento
AEI.02.07	Transformación digital integral de los procesos y servicios del OSITRAN	Porcentaje de procesos digitalizados

Fuente: OSITRAN PEI 2019-2022.

El OSITRAN ha trabajado arduamente en elaborar varios indicadores sofisticados, pero es posible que su seguimiento esté subutilizado para fines de transparencia. Si bien no se requiere que informe sobre estos indicadores, el OSITRAN podría emplearlos sobre todo para fines de gestión interna. Dado el foco interno de los objetivos y los indicadores, el enfoque de las actividades de seguimiento pasa por alto la oportunidad de vincular el desempeño del OSITRAN con el desempeño del sector (y, por tanto, el impacto de las actividades del regulador sobre la calidad de los servicios o el crecimiento económico).

El OSITRAN le rinde cuentas al Congreso y a la vez está adscrito a la PCM; hay margen para proseguir los trabajos orientados a implementar una presentación de informes de desempeño más transparente y previsible. A principios de julio de 2018, el OSITRAN emitió una resolución interna para requerir a la presidencia del Consejo que presente el informe anual al Congreso, como parte de su política de mejora regulatoria. El Congreso tiene dos comités ordinarios directamente relacionados con el OSITRAN: la Comisión de Defensa del Consumidor y Organismos Reguladores y la Comisión de Transportes y Comunicaciones. En abril de 2018 el OSITRAN presentó al Congreso el primer informe de desempeño, pero este no se analizó en una sesión especial de ninguna de las comisiones.

Recomendaciones

- **Desarrollar** indicadores de desempeño centrados en resultados para el marco estratégico y asignar metas a plazo fijo para los indicadores clave de desempeño (ICD).

- **Desarrollar** un número conciso de ICD que capturen la calidad y el impacto del proceso y las actividades centrándose en el suministro de inversión, la calidad del servicio y el desempeño de alto nivel del sector.
- **Seguir monitoreando** los indicadores dos veces al año y utilizar los resultados con fines de transparencia para beneficio de los actores interesados y los ciudadanos.
- **Continuar trabajando** para fortalecer la presentación de informes y la participación con el Congreso, así como con el público en general.

Recuadro 12. Indicadores clave de desempeño

Los indicadores claves de desempeño (KPIs, por sus siglas en inglés), proveen una manera de medir si las organizaciones se están desempeñando de acuerdo con sus metas y objetivos estratégicos. Un número manejable de indicadores bien diseñados dan una visión clara de los niveles de desempeño y pueden ayudar al proceso de toma de decisiones. Cada indicador debe estar claramente vinculado a un objetivo estratégico y acompañado por una meta o referente.

Los indicadores de rendimiento de la actividad regulatoria capturan si las decisiones regulatorias, acciones e intervenciones son efectivas (por ejemplo, decisiones tomadas que fueron confirmadas). Los indicadores de resultados directos o del impacto de los resultados podrían incluir, por ejemplo, los niveles de cumplimiento de las decisiones del regulador.

Los indicadores de resultados más amplios (indicadores "atalaya"), pueden ser incluidos como indicadores de aprendizaje (antes que de rendición de cuentas). Estos podrían incluir, por ejemplo, la calidad de los servicios e infraestructura (por ejemplo, frecuencia y fiabilidad de los servicios a los consumidores).

Notas: El marco de los indicadores de desempeño fue propuesto en la metodología inicial para el Marco para la Evaluación de los Reguladores Económicos (PAFER, por sus siglas en inglés), el mismo que ha sido discutido por la Red de Reguladores Económicos de la OCDE (NER, por sus siglas en inglés). Este ha sido redefinido para reflejar la retroalimentación de los miembros de la Red y la experiencia de los reguladores para evaluar su propio desempeño.
Fuente: (OECD, 2015[4]), Driving Performance at Colombia's Communications Regulator, Gráfica 3.3, http://dx.doi.org/10.1787/9789264232945-en.

Notas

[1] Además del OSITRAN, estos incluyen: el Organismo Supervisor de la Inversión en Energía y Minería (Osinergmin), el Organismo Supervisor de Inversión Privada en Telecomunicaciones (OSIPTEL) y la Superintendencia Nacional de Servicios de Saneamiento (SUNASS).

[2] https://plataforma.ositran.gob.pe/pySIDECO/denuncia.jsp.

Referencias

OCDE (2019), *Offices of Institutional Integrity in Peru*. [2]

OECD (2015), *Driving Performance at Colombia's Communications Regulator*, OECD Publishing, Paris, https://dx.doi.org/10.1787/9789264232945-en. [4]

OECD (2014), *Regulatory Enforcement and Inspections*, OECD Best Practice Principles for Regulatory Policy, OECD Publishing, Paris, https://dx.doi.org/10.1787/9789264208117-en. [3]

OSITRAN (2019), *Plan Estratégico Institucional PEI 2019-2022*, OSITRAN, https://www.ositran.gob.pe/wp-content/uploads/2019/06/027CD2019.pdf. [1]

1 Contexto institucional y sectorial

Este capítulo provee una visión general de las instituciones públicas de Perú y las principales características de los sectores regulados por el Organismo Supervisor de Inversión en Infraestructura de Uso Público, OSITRAN.

Instituciones

Perú tiene un Sistema centralizado de gobierno que está comprendido por los poderes ejecutivo, legislativo y judicial.

Gráfica 1.1. Poderes del Estado Peruano

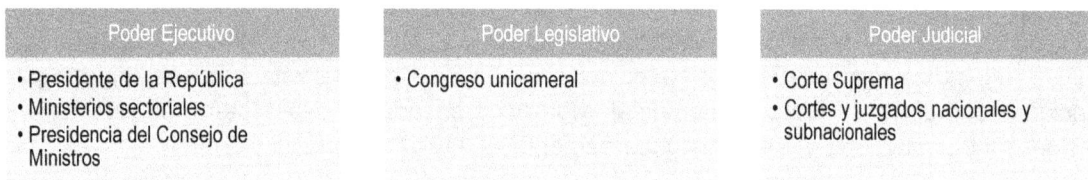

Fuente: (Gobierno Peruano, 2019[1]), https://www.peru.gob.pe/directorio/pep_directorio_gobierno.asp.

Poder Ejecutivo

Las instituciones principales del Poder Ejecutivo son el presidente de la República, el Consejo de Ministros y la Presidencia del Consejo de Ministros (PCM). El Ministerio de Economía y Finanzas (MEF) y la PCM constituyen el centro básico del gobierno de Perú (Gráfica 1.2); (OECD, 2016[2]). En el sector de infraestructura de transporte, el Ministerio de Transportes y Comunicaciones, y otros entes tales como la Agencia de Promoción de la Inversión Privada, Proinversión, trabajan muy de cerca con OSITRAN.

Gráfica 1.2. Estructura del poder Ejecutivo peruano

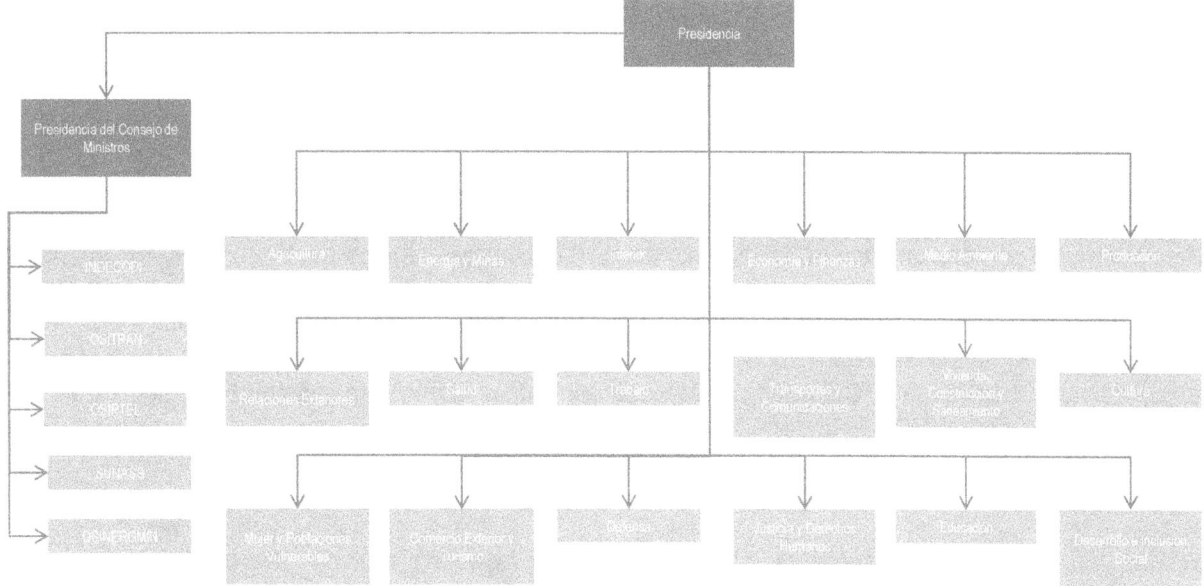

Nota: La PCM tiene bajo su esfera una serie de instituciones públicas, secretariados y comisiones. No todas están incluidas en esta gráfica.
Fuente: (OECD, 2018[3]), Política Regulatoria en el Perú: Uniendo el Marco para la Calidad Regulatoria, Revisiones de la OCDE sobre reforma regulatoria, Paris, https://doi.org/10.1787/9789264279001-es.

Presidencia del Consejo de Ministros (PCM)

La PCM es responsable de coordinar las políticas nacionales y sectoriales del Poder Ejecutivo, incluidos los ministerios. La PCM está compuesta de varias secretarías y comisiones y las administra y coordina. La PCM desempeña un importante rol en la designación de los miembros del Consejo Directivo, así como respecto a asignaciones y desembolsos de presupuesto. Aunque no está definido formalmente en la ley, en la práctica el presidente del Consejo de Ministros desempeña la función de primer ministro y de portavoz del gobierno (OECD, 2016[2]).

Ministerio de Economía y Finanzas (MEF)

El Ministerio de Economía y Finanzas (MEF) es responsable por el desarrollo de las políticas económicas y financieras del país. El MEF maneja el sistema de presupuesto basado en desempeño, el cual aplica a todos los órganos ejecutivos y a los reguladores económicos. El MEF también está a cargo de otras áreas de política regulatoria relacionadas por ejemplo a simplificación administrativa, cooperación regulatoria internacional, coordinación intergubernamental, regulación basada en desempeño, análisis *ex ante* de regulaciones y transparencia y consultas gubernamentales (OECD, 2018[3]).

Agencia de Promoción de la Inversión Privada (ProInversión)

La Agencia de Promoción de la Inversión Privada, ProInversión es un órgano técnico y especializado adscrito al MEF. Es responsable de la promoción de inversiones a través de asociaciones público privadas (APP) en servicios, infraestructura, activos y otros proyectos del Estado. Esta agencia provee información y orientación a inversionistas, conciliando diferentes visiones en proyectos de inversión, procurando crear un ambiente de atracción de inversiones, en concordancia con planes económicos y políticas de integración, tales como aquellos relacionados con el desarrollo de la infraestructura de transporte de uso público. Proinversión recibe comentarios técnicos del OSITRAN, MEF y MTC cuando desarrolla proyectos de inversión; sin embargo, sólo las opiniones del MEF y del MTC son consideradas vinculantes.

Ministerio de Transportes y Comunicaciones (MTC)

El Ministerio de Transportes y Comunicaciones (MTC) establece la política y dirección general del sector transportes. Está a cargo de diseñar, liderar, promover e implementar acciones con el objetivo de proveer sistemas de transportes y de telecomunicaciones eficientes, así como participar en la supervisión de las concesiones en estos sectores.

Poder legislativo

Perú tiene un Congreso unicameral compuesto por 130 miembros elegidos por cinco años. El Congreso emite leyes y los reguladores económicos pueden emitir regulaciones relacionadas. Asimismo, el Congreso puede solicitar a los ministerios y a los reguladores a presentar opiniones referidas a proyectos de ley y a atender sesiones para responder preguntas de los legisladores. A la fecha, el Congreso tiene 23 comisiones, incluyendo la Comisión de Defensa del Consumidor y Organismos Reguladores de los Servicios Públicos, CODECO, y la Comisión de Transporte y Comunicaciones.

Poder judicial

El Poder Judicial es responsable de interpretar y aplicar leyes en el Perú. Provee mecanismos de resolución de conflictos a través de un sistema de justicia jerárquico. La máxima instancia judicial es la Corte Suprema, la que tiene por debajo a las cortes superiores distribuidas en 25 regiones. Debajo de cada corte superior, se encuentran 195 juzgados provinciales y 1 898 juzgados de paz (Poder Judicial del Peru, 2012[4]). En el sector de infraestructura de transporte, disputas entre entidades reguladas entre sí, así como entre entidades reguladas y usuarios, son primero atendidas en los órganos internos de solución de controversias y reclamos de OSITRAN. Las decisiones finales en sede administrativa pueden ser impugnadas en la vía del proceso contencioso administrativo, de acuerdo a la Ley 27584. El Poder Judicial emite su decisión final, la misma que puede decidir sobre el fondo o sobre aspectos procedimentales. Adicionalmente, las entidades reguladas pueden recurrir a arbitraje.

Gobiernos subnacionales

En Perú hay tres niveles de gobierno: regional, provincial y distrital (OECD, 2018[3]). Estos niveles de gobierno tienen funciones exclusivas y en ocasiones compartidas, las mismas que son descritas en la Constitución Política del Perú, la Ley Orgánica del Poder Ejecutivo, la Ley Orgánica de Gobiernos Regionales y la Ley Orgánica de Municipalidades. Los gobiernos subnacionales tienen la autoridad de emitir regulaciones de acuerdo a su propia competencia.

Contraloría General de la República (CGR)

La Contraloría General de la República fue establecida en 1929 como la autoridad suprema de control de Perú. Como la entidad máxima del sistema nacional de control, la CGR supervisa, monitora y verifica la correcta aplicación de las leyes, así como el uso adecuado de los recursos y bienes del Estado. Los Órganos de Control Institucional (OCI), representan a la Contraloría dentro de cada institución pública. El auditor en jefe de una OCI es designado por el Contralor General de la República y su función es supervisar el uso transparente de recursos públicos, salvaguardando la legalidad y eficiencia de los gastos. El OCI es responsable por verificar el gasto público.

Contexto sectorial

El OSITRAN supervisa infraestructura de transporte de uso público, como aeropuertos, puertos, carreteras y vías férreas (incluidos los servicios para pasajeros en el Metro de Lima), así como la Hidrovía Amazónica. A diciembre de 2018, el OSITRAN supervisaba 32 contratos con una cantidad total de inversiones aproximada de 15.2 mil billones de dólares (Gráfica 1.3).

Gráfica 1.3. Sectores supervisados por el OSITRAN

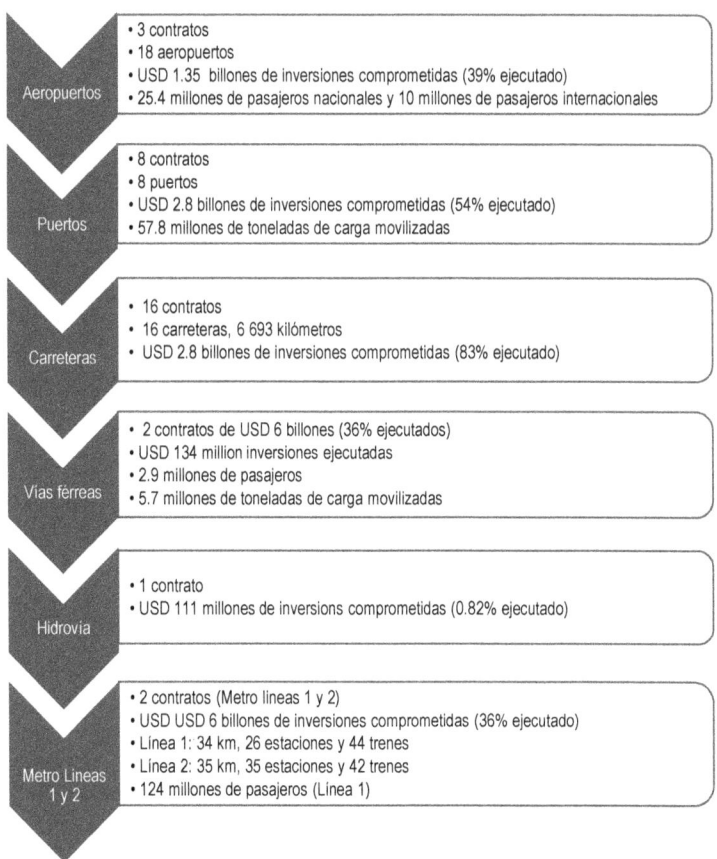

Nota: La información corresponde al año 2018, excepto para las inversiones comprometidas y ejecutadas que corresponden a junio de 2019.
Fuente: Información proporcionada por el OSITRAN, 2019.

Gráfica 1.4. Mapa de contratos supervisados por el OSITRAN

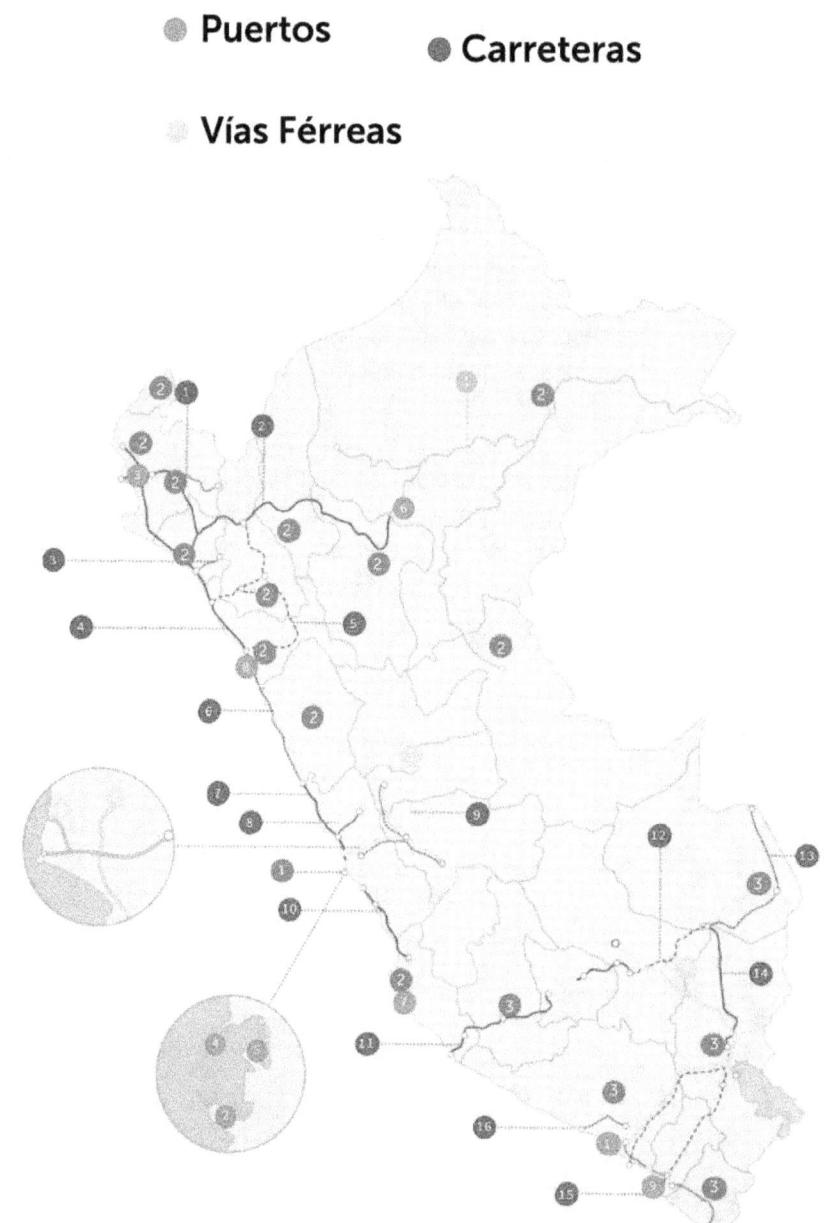

Nota: El OSITRAN publica este mapa en su sitio web. El mapa contenido en dicho sitio incluye información pertinente relacionada con los contratos de concesión, tarifas, planes de supervisión, sanciones, entre otros.
Fuente: (OSITRAN, 2018[5]).

Gráfica 1.5. Cantidad de inversiones y número de contratos, 2006-2018

Expresados en billones de dólares

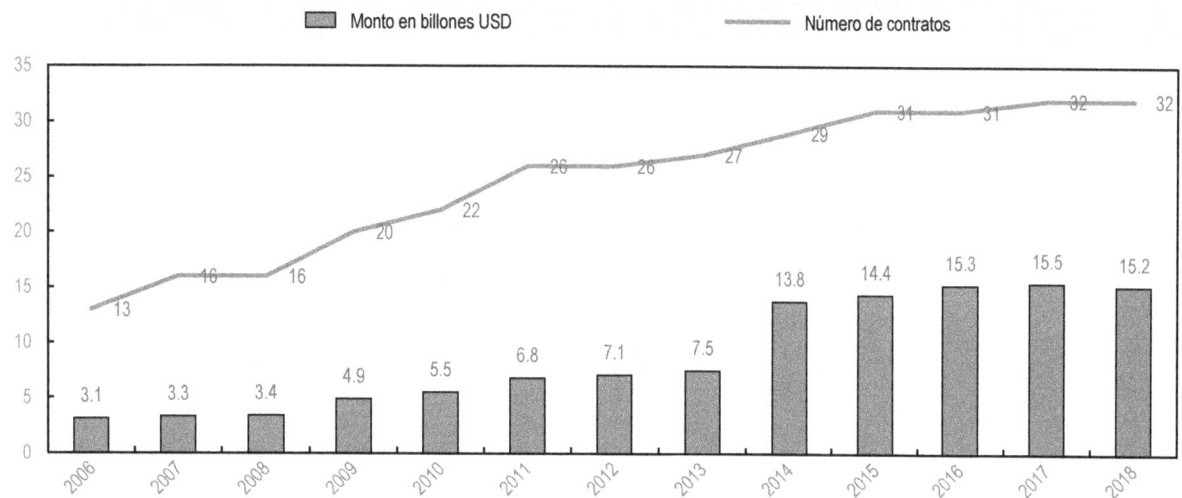

Fuente: (OSITRAN, 2018[6]).

Gráfica 1.6. Distribución de inversiones por sector a diciembre de 2018

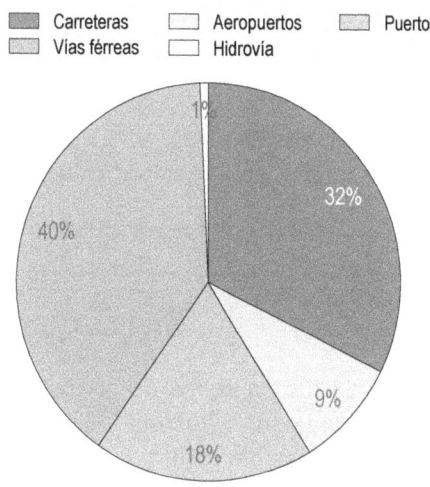

Fuente: (OSITRAN, 2018[6]).

Sistema de contratos de concesión

La gran mayoría de los contratos de concesión para infraestructura de transporte en Perú son regidos por Asociaciones Público Privadas (APP). Los contratos APP se orientan a aumentar el desarrollo de la infraestructura de servicio público para beneficio de los ciudadanos y los usuarios. El Estado (el cedente) delega la construcción, operación y mantenimiento de la infraestructura de servicio público a una empresa privada (concesionaria). Los contratos pueden adjudicarse bien sea mediante licitaciones públicas o iniciativas privadas que pueden clasificarse como autosostenibles y cofinanciadas (Cuadro 1.1).

Gráfica 1.7. Principales entidades públicas que participan en APP

Cuadro 1.1. Tipos de contratos de concesión

Concesiones autosostenibles	Concesiones cofinanciadas
El OSITRAN supervisa 16 concesiones autosostenibles. No requieren cofinanciamiento del sector público y generan sus propios ingresos. Debe cubrir las siguientes condiciones: • Demanda mínima o inexistente de garantía financiera por parte del Estado peruano. • Garantías no financieras con ninguna o mínima probabilidad de precisar cofinanciamiento.	El OSITRAN supervisa 16 concesiones cofinanciadas. Requiere otorgar o contratar garantías financieras o no financieras con alta probabilidad de demandas de cofinanciamiento.
Función del OSITRAN	
La función del OSITRAN es la misma en ambas categorías: el regulador verifica el cumplimiento con los contratos de concesión. Las diferencias en procedimientos, estándares, mecanismos de ajuste o aspectos metodológicos para la revisión de tarifas se establecen en los contratos.	

Fuente: Información proporcionada por OSITRAN, 2019.

El OSITRAN participa en el diseño de los contratos de concesión emitiendo opiniones técnicas y no vinculantes. Desde 2018, de conformidad con el Decreto Legislativo 1362, el OSITRAN está obligado a emitir opiniones sobre las versiones iniciales del contrato. Con anterioridad, las opiniones del OSITRAN solo eran obligatorias una vez que los contratos se negociaban y se suscribían.

El Decreto Legislativo 1362 incorporó otras modificaciones importantes, como el requisito de obtener derechos de propiedad de las tierras necesarias para ejecutar los proyectos con prontitud; la función de la CGR en lo que respecta a emitir opiniones no vinculantes sobre las versiones iniciales de los contratos, así como la publicación obligatoria de todas las opiniones del OSITRAN y el MEF en relación con la modificación de los contratos en sus sitios web institucionales.

Además, el OSITRAN supervisa algunas infraestructuras que no están regidas por APP. Por ejemplo, el Regulador supervisa las actividades de la empresa pública denominada Corporación Peruana de Aeropuertos y Aviación Comercial, S.A. (CORPAC), la cual administra 29 aeropuertos.

Gráfica 1.8. Evolución de la inversión privada para el fomento de obras públicas (1991-2018)

Impulso de la inversión privada
- 1991: Decretos Legislativos 662, 674, 757 y 758 introdujeron reformas para promover la inversión privada.
- Régimen legal para promover la inversión a través del régimen especial de los contratos ley, con beneficios laborales y fiscales.
- Libre mercado, libre competencia, iniciativa privada libre y prohibición de la discriminación.

Promoción de concesiones
- 1996: Decreto Legislativo 839 para promover la inversión privada en obras públicas para infraestructura y servicios públicos.
- Creación de una comisión para promover inversión privada a través de concesiones.
- Decreto Supremo 059-1996-PCM que aprueba el texto único ordenado de las normas que regulan la entrega de concesiones al sector privado para obras públicas de infraestructura y servicios públicos.

Consolidación de APP
- 2008: Decreto Legislativo 1012 que aprueba la ley marco de Asociaciones Público Privadas (APP).
- Diversos tipos de arreglos contractuales para la inversión privada fueron absorbidos por el sistema APP.

Alineamiento a estándares internacionales
- 2015: Decreto Legislativo 1224 que establece el marco de las Asociaciones Público privadas (APP).
- Esta modificación legal fue emitida para alcanzar estándares internacionales y buscó resolver desafíos que típicamente se presentaban en las APP.

Mejora de APP
- 2017: Decreto Supremo 254-2017-EF que aprobó el texto único ordenado del Decreto Legislativo 1224.
- Lineamientos para reportes multianuales sobre inversión en APP.
- Directiva 001-2017-EF / 68.01 para propuestas de modificaciones contractuales.

Fortalecimiento de APP
- 2018: Decreto Legislativo 1362 que regula la promoción de la inversión privada a través de APP (deroga el Decreto Legislativo 1224).
- El reglamento del Decreto Legislativo 1362 fue aprobado por Decreto Supremo 240-2018-EF.

Fuente: Gráfica proporcionada por el OSITRAN, 2019.

Referencias

Gobierno Peruano (2019), *Organización del Estado*, https://www.peru.gob.pe/directorio/pep_directorio_gobierno.asp (accessed on 11 December 2019). [1]

OECD (2018), *Política Regulatoria en el Perú: Uniendo el Marco para la Calidad Regulatoria*, Revisiones de la OCDE sobre reforma regulatoria, OECD Publishing, Paris, https://dx.doi.org/10.1787/9789264279001-es. [3]

OECD (2016), *Estudios de la OCDE sobre Gobernanza Pública: Perú: Gobernanza integrada para un crecimiento inclusivo*, Estudios de la OCDE sobre Gobernanza Pública, OECD Publishing, Paris, https://dx.doi.org/10.1787/9789264265226-es. [2]

OSITRAN (2018), *Concesiones*, https://www.ositran.gob.pe/concesiones/ (accessed on 28 October 2019). [5]

OSITRAN (2018), *Memoria Institucional OSITRAN 2018*, https://www.ositran.gob.pe/wp-content/uploads/2019/08/Memoria_Institucional_2018.pdf. [6]

Poder Judicial del Peru (2012), *Poder Judicial del Peru*, http://www.pj.gob.pe/wps/wcm/connect/CorteSuprema/s_cortes_suprema_home/as_Inicio/ (accessed on 25 June 2018). [4]

2 Gobernanza del OSITRAN

El Marco para la Evaluación del Desempeño de los Reguladores Económicos (PAFER, por sus siglas en inglés), fue desarrollado por la OCDE para ayudar a los reguladores a evaluar su propio desempeño. El PAFER estructura las directrices de desempeño en un marco de insumos-proceso-rendimiento y resultados. Este capítulo aplica este marco al Organismo Supervisor de Inversión en Infraestructura de Uso Público, OSITRAN, y revisa sus características actuales, oportunidades y desafíos enfrentados por el OSITRAN para desarrollar un marco de evaluación de desempeño efectivo.

El Organismo Supervisor de Inversión en Infraestructura de Uso Público (OSITRAN) se fundó en 1998 con el mandato de supervisar la inversión privada en la infraestructura de transporte para uso público.

Función y objetivos

En el año 2000, la Ley 27332 (Ley Marco de los Organismos Reguladores de la Inversión Privada en los Servicios Públicos, LMOR) reconoció la autonomía técnica, administrativa, económica y financiera de los cuatro reguladores económicos peruanos[1] y los adscribió a la Presidencia del Consejo de Ministros (PCM). Dicha ley otorga a los reguladores las funciones de supervisar, fijar tarifas, emitir regulaciones, inspeccionar la actividad sectorial de las entidades reguladas, así como resolver conflictos y reclamos (Cuadro 2.1).

Cuadro 2.1. Funciones de los reguladores según la LMOR

Función supervisora	Verificar el cumplimiento de leyes, contratos y regulaciones emitidas por el organismo regulador
Función reguladora	Fijar y revisar las tarifas de los servicios públicos bajo su ámbito
Función normativa	Dictar las regulaciones bajo su ámbito
Función fiscalizadora y sancionadora	Calificar infracciones e imponer sanciones
Función de solución de controversias	Resolver controversias administrativas entre entidades reguladas
Función de solución de reclamos	Actuar como segunda instancia para los reclamos de los usuarios

Fuente: Artículo 3, LMOR.

Mandato

El Organismo Supervisor de la Inversión en Infraestructura de Transporte de Uso Público (OSITRAN) fue creado en 1998 por la Ley 26917 para supervisar la inversión privada en la infraestructura de transporte de uso público, y fue adscrito al Ministerio de Transportes y Comunicaciones (MTC). En el año 2000, la LMOR adscribió al OSITRAN a la Presidencia del Consejo de Ministros (PCM).

La Ley 26917 se orienta a promover el desarrollo del transporte y la supervisión de la infraestructura de transporte de uso público. El texto establece que la misión del OSITRAN es regular la infraestructura de transporte, así como verificar el cumplimiento de los contratos de concesión, cautelando en forma imparcial y objetiva los intereses del Estado, de los inversionistas y los usuarios peruanos.

Al ser creado, el OSITRAN recibió un mandato para los sectores de aeropuertos, puertos, carreteras y vías férreas. Se le facultó para supervisar los contratos de concesión, fijar y revisar las tarifas de los servicios y aportar opiniones técnicas sin carácter vinculante sobre la infraestructura de transporte de uso público a escala nacional, gestionar y emitir instrumentos regulatorios y establecer e imponer sanciones y medidas correctivas.

La función, el mandato y la estructura del OSITRAN han cambiado con el paso de los años. En 2011, la Ley 29754 otorgó al OSITRAN facultades adicionales para supervisar los servicios de transporte público de pasajeros del Metro de Lima. Este último es el único sector en el que el organismo regula servicios para pasajeros, aunque sin capacidad de fijar y revisar las tarifas, lo cual es competencia ministerial. En 2017 se agregó a la cartera del OSITRAN la Hidrovía Amazónica, la primera del país.

Funciones y facultades

La Ley 26917 define las principales funciones del OSITRAN como sigue:

- Fijación de tarifas (con limitaciones).
- Supervisión de los contratos de concesión.
- Supervisión y fiscalización.
- Emisión de opiniones técnicas).
- Interpretación de contratos.
- Emisión de regulaciones.

Fijación de tarifas

La función de fijación de tarifas del OSITRAN depende sobre todo de las disposiciones de los contratos de concesión. Los contratos establecen los estándares de servicio, procedimientos y tarifas, así como las metodologías para revisarlas y ajustarlas. Solo tres contratos de concesión del sector carretero requieren que el OSITRAN fije peajes.

El OSITRAN fija y revisa las tarifas de infraestructura de transporte en los siguientes casos:

- En el caso de que no exista competencia en el mercado, el OSITRAN fija las tarifas y establece reglas claras para su aplicación, revisión y modificación.
- Si las tarifas y los mecanismos de reajuste están establecidos en contratos de concesión, el OSITRAN vela por el cumplimiento de las disposiciones contractuales.
- Cuando existe competencia en el mercado y no hay cláusulas tarifarias, el OSITRAN vela por el libre funcionamiento del mercado.

El OSITRAN analiza si hay condiciones competitivas en el mercado. En lo que concierne a la fijación de tarifas de infraestructura portuaria, el Instituto Nacional de Defensa de la Competencia y Protección de la Propiedad Intelectual (Indecopi) se encarga de analizar las condiciones de competencia.

El regulador no fija tarifas de los servicios de transporte público de pasajeros, de infraestructura de transporte de uso privado y de infraestructura carretera municipal.

El Consejo Directivo del OSITRAN ejerce la función de fijar tarifas. El Consejo basa sus decisiones en informes preparados en conjunto por la Gerencia de Regulación y Estudios Económicos (GRE) y la Gerencia de Asesoría Jurídica (GAJ). La GRE realiza los procedimientos relacionados con las tarifas, en tanto que la GAJ evalúa los aspectos legales.

Supervisión de contratos

El OSITRAN supervisa el cumplimiento de las obligaciones de 32 contratos de concesión en cinco diferentes sectores (Cuadro 2.2). Se trata de una de las actividades centrales del regulador y representa 43% de su presupuesto anual para 2019.

Si durante el proceso de supervisión el OSITRAN encuentra evidencias de incumplimiento de las obligaciones contractuales, puede ejercer sus facultades sancionadoras. Las entidades reguladas pueden oponerse a las sanciones (véase la sección *Apelaciones*). Para mayor información relacionada con las actividades de supervisión y ejercicio de sanciones, véase la sección *Supervisión y fiscalización*.

Cuadro 2.2. Contratos supervisados

Sector	Número de contratos	Inversiones comprometidas (Miles de millones USD)
Aeropuertos	3	1 348
Puertos	8	2 804
Vías férreas	4	6 018
Carreteras	16	4 915
Hidrovía	1	112
Total	**32**	**15 197**

Notas: Dos contratos ferroviarios no incluyen el valor de inversiones comprometidas. La información está actualizada a junio de 2019.
Fuente: Información proporcionada por OSITRAN, 2019.

Función de emisión de opiniones

Desde 2018 el OSITRAN está facultado para emitir opiniones sobre las versiones iniciales de los contratos de Asociaciones Público Privadas (APP); con anterioridad, esto era obligatorio solo *ex post*, una vez que los contratos entre Proinversión y el MTC se negociaban y finalizaban. El Consejo Directivo del OSITRAN debe emitir una opinión técnica previa sobre los contratos de concesión a solicitud de Proinversión, así como sobre cualquier modificación del contrato a solicitud del MTC.

Se da al OSITRAN entre 10 y 15 días para emitir opiniones. Puede resultar difícil para el regulador cumplir con esta labor de manera oportuna y el OSITRAN informa que a menudo necesita solicitar prórrogas para poder responder.

OSITRAN emite las siguientes opiniones:

- Opinión sobre modificaciones de los contratos de concesión (adendas).
- Opinión sobre las versiones de contratos de concesión.
- Opinión sobre proyectos de ley relacionados con concesiones de transporte.
- Opiniones *ad-hoc* a solicitud del MTC.

Los actores interesados y el OSITRAN reconocen que la mayoría de sus opiniones no vinculantes son tomadas en cuenta.

Interpretación de contratos

El OSITRAN posee la facultad exclusiva de interpretar los contratos en caso de controversia. Es el único regulador peruano que tiene esta función, la cual ejerce mediante resoluciones del Consejo Directivo, como la única instancia administrativa. El procedimiento de interpretación puede iniciarse *ex officio* o a solicitud del cedente, el concesionario u otra tercera parte legítima.

El OSITRAN interpreta las cláusulas contractuales por medio de varios métodos, incluidos el literal, el lógico, el sistemático y el histórico. La función de interpretación puede ejercerse en contratos de concesión (incluidos los anexos) y otras reglas vinculantes. La decisión de interpretación del OSITRAN es definitiva.

Función normativa

El OSITRAN emite regulaciones y normas bajo su ámbito de competencia. Dichas regulaciones pueden definir los derechos y obligaciones de las entidades y los usuarios regulados. La función reguladora es competencia exclusiva del Consejo Directivo mediante la adopción de resoluciones del Consejo.

Coordinación institucional

El OSITRAN opera en un entorno complejo junto con muchos otros organismos públicos. El regulador coordina su trabajo técnico con otros organismos de la administración pública, como el MTC y el Congreso. Sin embargo, no hay mecanismos de coordinación regulares y estructurados generales y las interacciones con otras entidades suelen ser informales.

Dada la función del OSITRAN en la gestión y supervisión de asociaciones público privadas (APP), el regulador a menudo interactúa con el MTC y Proinversión. El OSITRAN emite opiniones no vinculantes sobre los contratos de concesión. El MTC solicita periódicamente (de manera formal e informal) opiniones técnicas del regulador. Además, el OSITRAN por lo general interactúa con la Contraloría General de la República (CGR) en asuntos relacionados con el cumplimiento de disposiciones contractuales y las actividades de supervisión de la institución suprema de control. El OSITRAN se coordina con el Instituto Nacional de Defensa de la Competencia y de la Protección de la Propiedad Intelectual (Indecopi) en cuanto a aspectos relacionados con las propuestas de tarifas presentadas por APM Terminals (concesionario de infraestructura portuaria), para lo cual el Indecopi y el OSITRAN celebraron un acuerdo de cooperación. En el caso de las propuestas legislativas presentadas por el Congreso, no hay un mecanismo de coordinación formal vigente. Sin embargo, el Congreso puede solicitar al OSITRAN que emita opiniones o informes.

Cuadro 2.3. Organismos de administración pública participantes en el sector de infraestructura de transporte

Autoridades	Mandato	Interacciones con el OSITRAN
	TODOS LOS SECTORES	
Ministerio de Transportes y Comunicaciones (MTC)	Diseña, regula e implementa la política de promoción y desarrollo del sector del transporte.	El MTC establece la política sectorial y desempeña la función de cedente de los contratos de concesión. El MTC puede solicitar al OSITRAN aportar comentarios y opiniones en relación con el marco legal y contractual bajo el ámbito de acción del regulador.
ProInversión	El organismo técnico especializado adjunto al Ministerio de Economía y Finanzas (MEF), responsable de la promoción de inversiones nacionales mediante asociaciones público privadas (APP) en servicios, infraestructura y otros proyectos estatales.	El OSITRAN participa en procesos en el marco de APP. ProInversión elabora contratos de concesión en coordinación con el MTC. Se solicita al OSITRAN que brinde opiniones no vinculantes para la aprobación de proyectos de contratos de concesión.
Contraloría General de la República (CGR)	La autoridad de mayor nivel del sistema nacional de control. Supervisa, vigila y verifica la correcta aplicación de las leyes y las políticas públicas, así como el correcto uso de los recursos y activos del Estado.	La CGR interactúa de manera regular con el OSITRAN mediante el Órgano de Control Institucional (OCI) de este último. En términos funcionales, el jefe del OCI responde a la CGR. El OSITRAN tiene facultades para supervisar, ejecutar e interpretar contratos de concesión. Al ejercer funciones de órgano de control, la CGR puede interpretar las disposiciones contractuales de diferente manera, lo cual algunas veces provoca que el OSITRAN y la CGR asuman posturas distintas respecto al mismo asunto. Además, la CGR debe emitir una opinión no vinculante acerca de las versiones preliminares de los contratos con APP.
Congreso	Rama legislativa unicameral de 130 miembros.	Solicita al OSITRAN que ofrezca comentarios sobre temas de los proyectos de ley.
	PUERTOS	
Autoridad Portuaria Nacional (APN)	Organismo técnico adscrito al MTC que es responsable del desarrollo del sector portuario. La APN supervisa el cumplimiento de los aspectos operativos y de seguridad de los puertos.	La APN puede requerir al OSITRAN que emita opiniones no vinculantes relativas al sector portuario y viceversa. En el sector portuario, las entidades reguladas son supervisadas por la APN y el OSITRAN.

Autoridades	Mandato	Interacciones con el OSITRAN
Instituto Nacional de Defensa de la Competencia y de la Protección de la Propiedad Intelectual (Indecopi)	Organismo regulatorio independiente cuyo objetivo es brindar protección en materia de competencia y a la vez del consumidor. Evaluación de las condiciones de competencia en el marco de la fijación de tarifas para la infraestructura portuaria.	Las regulaciones portuarias establecen que el Indecopi tiene facultades para determinar si el mercado cuenta con condiciones de competencia dentro del marco de los procedimientos de fijación de tarifas portuarias.
TRANSPORTE PÚBLICO		
Autoridad de Transporte Urbano para Lima y Callao (ATU)	Organismo técnico adscrito al MTC y responsable de planificar, regular, gestionar y supervisar la operación del Sistema Integrado de Transporte de Lima y Callao. El organismo se creó en 2019 y absorbió a la ATTE (agencia antes responsable de gestionar el Metro de Lima).	La ATU planifica, regula y supervisa la operación del Metro de Lima. El OSITRAN supervisa el cumplimiento de las disposiciones del contrato de concesión.
Superintendencia de Transporte Terrestre de Personas, Carga y Mercancías (SUTRAN)	Organismo técnico adscrito al MTC y responsable de supervisar el cumplimiento de regulaciones para el transporte terrestre y los servicios de tránsito de alcance nacional.	En tanto que el OSITRAN supervisa la infraestructura de transporte de uso público, la SUTRAN supervisa los servicios de transportes. Hay coordinación *ad hoc* cuando los vehículos que transportan carga pesada pueden afectar tanto la infraestructura como los servicios de transporte.

Fuente: Información proporcionada por OSITRAN, 2019.

Independencia

La LMOR estipula que el OSITRAN es un organismo público descentralizado adscrito a la Presidencia del Consejo de Ministros (PCM) con autonomía administrativa, funcional, técnica, económica y financiera. El OSITRAN elabora su programa de trabajo anual de manera independiente. Sin embargo, el Plan Estratégico Institucional (PEI) del OSITRAN tiene que ajustarse al Centro Nacional de Planeamiento Estratégico (CEPLAN) y a los lineamientos generales de la PCM.

El regulador tiene independencia técnica para emitir sus decisiones regulatorias. Las entidades reguladas pueden cuestionar las decisiones del regulador mediante procedimientos administrativos. La única manera de revocar una decisión administrativa final es iniciar un proceso judicial. Además, el OSITRAN emite opiniones sobre proyectos de ley, contratos y sus modificaciones, con base en su estatus de regulador independiente. La independencia y la legitimidad en decisiones regulatorias se refuerza con la realización de estudios técnicos.

En junio de 2018 la Comisión de Defensa del Consumidor y Organismos Reguladores de los Servicios Públicos (CODECO) del Congreso analizó un proyecto de ley para mejorar aspectos de la independencia institucional para los reguladores económicos en Perú. A agosto de 2019, no se ha propuesto el proyecto de ley para su debate en sesión plenaria.

Objetivos estratégicos y operativos

El OSITRAN desarrolla un *Plan Estratégico Institucional (PEI)* a cuatro años que plantea objetivos a mediano plazo. El PEI actual abarca el periodo 2019-2022 e incluye siete Objetivos Estratégicos Institucionales (OEI) (Gráfica 2.1). El Consejo Directivo se encarga de aprobar el PEI. El PEI anterior (2016-2018) tenía 15 objetivos institucionales.

Gráfica 2.1. Objetivos Estratégicos Institucionales del OSITRAN, 2019-2022

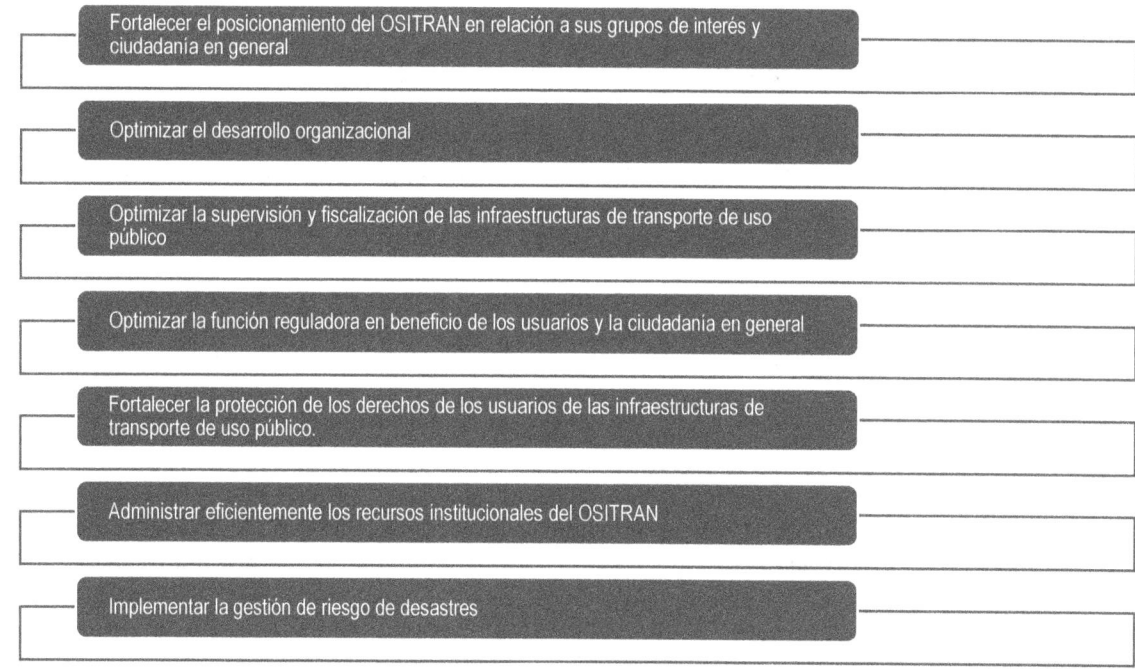

Fuente: (OSITRAN, 2019[1]).

El PEI incluye una ruta estratégica que prioriza los objetivos estratégicos y propone indicadores (véase el Cuadro 2.4):

Cuadro 2.4. Marco estratégico del OSITRAN

Prioridad	Objetivo estratégico	Indicador	2019	2020	2021	2022
1	Optimizar las actividades de supervisión y fiscalización (OEI.03)	Índice de eficiencia de supervisión y fiscalización	88%	91%	96%	99%
1	Optimizar la función reguladora para beneficio de los usuarios y la ciudadanía en general (OEI.04)	Índice de cumplimiento de la función reguladora	90%	93%	97%	100%
1	Fortalecer la protección de los derechos del usuario (OEI.05)	Índice de protección del usuario	61%	66%	68%	70%
2	Reforzar el posicionamiento del OSITRAN en relación con sus actores interesados y la ciudadanía en general (OEI.01)	Porcentaje de posicionamiento del OSITRAN	ND	ND	ND	ND
2	Optimizar su desarrollo organizacional (OEI.02)	Índice de desarrollo organizacional	48.2%	59.5%	82%	93%
2	Administrar eficientemente los recursos institucionales (OEI.06)	Índice de gestión de recursos	81%	87%	92%	95%
2	Implementar la gestión de riesgo de desastres	Número de estudios de implementación	2	2	2	2

Fuente: (OSITRAN, 2019[1]).

El Centro Nacional de Planeamiento Estratégico (CEPLAN) establece el proceso y la metodología para desarrollar el PEI. El CEPLAN también supervisa el Plan Nacional de Desarrollo de Perú. El CEPLAN trabaja en coordinación con el OSITRAN y vela por que se adopte su metodología. El último objetivo del PEI actual (Implementar la gestión de riesgo de desastres) es obligatorio para todos los organismos públicos, según establece el CEPLAN.

Para lograr sus objetivos estratégicos institucionales, el OSITRAN desarrolla Acciones Estratégicas Institucionales (AEI) y planes operativos anuales (Plan Operativo Institucional, POI), que ponen en práctica el PEI. El PEI 2019-2022 tiene 38 Acciones Estratégicas, mostradas en el Anexo 2.A.

La Comisión de Planeamiento Estratégico del OSITRAN fija los objetivos estratégicos con la ayuda de consultores externos. La Comisión está compuesta por los siguientes miembros: el Presidente del Consejo, el Gerente General, el Gerente de Supervisión y Fiscalización, el Gerente de Regulación y Estudios Económicos, el Gerente de Atención al Usuario, el Gerente de Asesoría Jurídica y el Gerente de Planeamiento y Presupuesto. Los miembros del Consejo de tiempo parcial no participan en la Comisión de Planeamiento Estratégico.

El OSITRAN evalúa el cumplimiento de los objetivos estratégicos dos veces al año. Cada gerencia elabora un informe que incluye indicadores. La Gerencia de Planeamiento y Presupuesto (GPP) revisa dicha información y genera un informe final, el cual se publica en el sitio web del OSITRAN.

Insumos

Recursos financieros

Según se define en la LMOR, todos los reguladores sectoriales son financiados con contribuciones regulatorias impuestas sobre los ingresos de entidades bajo su competencia (aportes por regulación). Las contribuciones de la industria constituyen cerca del 90% del presupuesto total del OSITRAN. La tasa de contribución de la industria es aprobada por el Ejecutivo mediante un Decreto Supremo aprobado por el Presidente del Consejo de Ministros y el MEF. La tasa no puede exceder el 1% del ingreso anual total de las empresas reguladas, deduciendo el impuesto al valor agregado de Perú (Impuesto General a las Ventas, IGV) y el Impuesto de Promoción Municipal (IPM).

Para el OSITRAN la tasa efectiva de 1% ha estado en vigor desde el 1 de enero de 2004 y no se ha modificado desde entonces. La tasa de contribución aplica a todos los subsectores, excepto la Línea 1 del Metro de Lima, donde el OSITRAN percibe 1% adicional para financiar la inspección de la provisión de servicios.

Puede obtenerse una recaudación adicional de las fuentes siguientes (OECD, 2018[2]):

- Intereses financieros (generados por depósitos).
- Intereses o recargos por mora derivados de la contribución regulatoria.
- Multas impuestas a las entidades reguladas por incumplimiento de contratos de concesión y regulaciones.
- Cargos de solicitudes de información pública de conformidad con la Ley de Transparencia y Acceso a la Información Pública de Perú.
- Ventas de servicios.

Además, de no ser suficientes los recursos, el MEF puede asignar ingresos adicionales al OSITRAN. Por ejemplo, en la proyección de gasto presupuestario de enero a diciembre de 2019 se observó que los recursos destinados para el año eran insuficientes. Por consiguiente, dos resoluciones presidenciales incorporaron fondos adicionales al presupuesto del regulador por cinco millones PEN en total, que es la cantidad máxima que puede añadirse al año.

Después de un aumento registrado durante el periodo 2015-2017, el presupuesto del regulador bajó 14.8% en términos reales entre 2017 y 2018 (Cuadro 2.5). De acuerdo con el OSITRAN, esto se debe principalmente a la disminución en la ejecución del presupuesto en años anteriores, tomada en cuenta por el MEF al decidir sobre asignaciones presupuestarias. De hecho, en tanto que la ejecución del presupuesto fue de cerca de 100% en 2015 y 2018, en 2016 y 2017 no llegó a 80%. La menor ejecución del presupuesto se explica por un cambio en la dirigencia del regulador en 2017.

Cuadro 2.5. Presupuesto anual y su ejecución, OSITRAN

Año	2015	2016	2017	2018
Presupuesto inicial	66.5	84.0	93.8	79.9
Fondos complementarios	N/A	6.0	-1.4	4.7
Presupuesto modificado		90	92.4	84.6
Ejecución del presupuesto inicial (%)	96.2	79.4	78.9	97.3
Ejecución del presupuesto institucional modificado (%)	-	74.1	80	91.8

Notas: El presupuesto inicial proviene de fondos recaudados de las contribuciones regulatorias impuestas a las entidades reguladas. Los fondos complementarios son aprobados por el MEF.
Fuente: Información proporcionada por OSITRAN, 2019.

Gestionar recursos financieros

En 2015, el gobierno de Perú, por medio del MEF, puso en marcha un sistema de Presupuesto por Resultados para algunas entidades gubernamentales. El OSITRAN empezó a implementar el nuevo sistema, el cual requiere que los presupuestos se alineen con las metas y los objetivos establecidos por la institución en sus planes estratégicos institucionales (PEI) y en sus planes operativos (POI).

Cuadro 2.6. Proceso presupuestario del OSITRAN

	Actividad
1	Planificación: El OSITRAN estima la recaudación que se obtendrá y proyecta los costos e inversiones que se ejecutarán con base en el PEI y el POI.
2	Presentación del estimado de recaudación para los tres años siguientes a la Dirección General de Presupuesto Público del MEF. La Dirección utilizará dicha información como referencia para determinar la Asignación Presupuestaria Multianual del OSITRAN.
3	Comunicación por parte del MEF de la Asignación Presupuestaria Multianual al OSITRAN.
4	Preparación por parte del OSITRAN de una propuesta para la asignación de recursos por departamento, basada en el POI y el desempeño histórico. Con este fin, los departamentos evalúan las actividades operativas por llevar a cabo en los años venideros para cumplir plenamente con sus funciones.
5	Presentación de la información sobre ingresos y gastos mediante la aplicación web Programación Multianual.
6	Justificación del presupuesto para el siguiente periodo ante la Dirección General de Presupuesto Público (DGPP) del MEF.
7	Consolidación por parte del MEF de la información de los tres niveles de gobierno (central, regional y municipal, incluido el presupuesto del OSITRAN) y envío de la Ley de Presupuesto al Congreso.
8	Aprobación de la Ley de Presupuesto por parte del Congreso y publicación en el Diario Oficial *El Peruano*.
9	Comunicación del desglose del informe de presupuesto de gastos e ingresos por parte de la Dirección General de Presupuesto Público del MEF al OSITRAN.
10	Aprobación del Presupuesto Institucional de Apertura (PIA) mediante Resolución del Consejo Directivo.
11	Información sobre el presupuesto asignado a cada departamento.

Fuente: Información proporcionada por OSITRAN, 2019.

La ejecución de los gastos se realiza por periodo presupuestario del 1 de enero al 31 de diciembre, con base en el presupuesto institucional aprobado para cada año y las reglas emitidas por el MEF. El proceso presupuestario es coordinado con el MEF mediante un sistema digital. El OSITRAN presenta la información a través del Sistema Integrados de Administración Financiera (SIAF) cada año, como parte del sistema presupuestario por resultados para toda la administración pública peruana.

La Gerencia General y la Gerencia de Planeamiento y Presupuesto coordinan el proceso presupuestario. El OSITRAN utiliza la recaudación proyectada para determinar de qué cantidad se dispondrá para realizar las metas operativas establecidas en el POI. De hecho, el presupuesto del OSITRAN se establece *ex ante*, con base en un porcentaje fijado por ley de las proyecciones de recaudación de los sectores regulados, en vez de determinarse siguiendo un principio de recuperación de costos.

Los presupuestos para cada departamento se asignan una vez que el MEF define la Asignación Presupuestaria Multianual, tomando en consideración la priorización de las actividades de acuerdo con el POI y los resultados históricos.

Cuadro 2.7. Presupuesto del OSITRAN por departamento: Presupuesto Institucional Modificado (PIM), 2019

Expresado en millones de PEN

Departamento	PIM	% PIM
Gerencia de Supervisión y Fiscalización	38	43
Gerencia de Administración	16	19
Jefatura de Tecnología de la Información	6	7
Gerencia de Regulación y Estudios Económicos	5	6
Gerencia de Atención al Usuario	3	4
Gerencia de Asesoría Jurídica	3	3
Procuraduría Pública	2	3
Presidencia Ejecutiva	2	3
Gerencia General	2	2
Oficina de Comunicación Corporativa	2	2
Gerencia de Planeamiento y Presupuesto	2	2
Oficina de Gestión Documental	2	2
Órgano de Control Institucional	2	2
Órganos de Resolución de Controversias	1	2
Oficina Desconcentrada Arequipa	0	0
Oficina Desconcentrada Cusco	0	0
Oficina Desconcentrada Iquitos	0	0
Oficina Desconcentrada Tarapoto	0	0
Oficina Desconcentrada Piura	-	-
Total	86	100

Fuente: Información proporcionada por OSITRAN, 2019.

El OSITRAN está sujeto a varias reglas del gobierno central en lo que se refiere a gestionar sus recursos financieros:

- El presupuesto es aprobado cada año por el MEF y los aspectos presupuestarios importantes deben informarse a dicho ministerio, de conformidad con el sistema de presupuesto público.
- Los miembros del personal del OSITRAN son remunerados de acuerdo con límites mínimos y máximos fijados por Decreto Supremo y avalados por el Consejo de Ministros y el Ministerio de Economía y Finanzas. Los límites máximos actuales restringen la capacidad del OSITRAN de atraer y retener a profesionales calificados (véase la sección *Gestionar recursos humanos*).
- La PCM tiene poder de decisión sobre algunas asignaciones presupuestarias, incluida la aprobación de viajes al extranjero por motivo de representación institucional. Estos últimos se encuentran limitados en la actualidad por medidas de austeridad.
- La Ley de Equilibrio Financiero: Los fondos percibidos directamente de las entidades reguladas se clasifican como "recursos directamente recaudados" (RDR) y no como "recursos ordinarios" (RO) que financian sobre todo a entidades del gobierno central. Con anterioridad, a los organismos

con fondos RDR se les permitía mantener fondos excedentes y acumularlos para el o los siguientes años, en tanto que a los organismos con fondos RO se les requería devolver los excedentes al Tesoro Público cada año. Desde 2017, la Ley de Equilibrio Financiero requiere que los fondos RDR excedentes también se transfieran al Tesoro Público, con el fin de promover una mayor ejecución del presupuesto en todas las entidades públicas. La ley se renovó para los años fiscales 2018 y 2019. Los fondos transferidos al Tesoro Público podrán reincorporarse en el presupuesto de la entidad el año siguiente a manera de recaudación pública adicional (sin embargo, el MEF estableció un límite máximo de cinco millones PEN en este último caso).

Gestionar recursos humanos

Recursos humanos

A septiembre de 2019, el OSITRAN cuenta con un personal de 310 personas. En el Cuadro 2.8 se presenta un desglose de dicho personal por familias de puestos. Por su parte, el Cuadro 2.9 contiene un desglose del personal ejecutivo y técnico.

En el Manual de Clasificación de Cargos y en el Manual de Descripción de Puestos del OSITRAN se definen las principales funciones y responsabilidades del personal y se describen el perfil profesional y las competencias requeridas para cada puesto.

Los funcionarios públicos del OSITRAN trabajan bajo tres distintos regímenes de empleo (Leyes 728, 1057 y 30057)[2]. A septiembre de 2019, 45% del personal (139 empleados) trabajaban bajo regulaciones laborales para el sector privado que por lo común no se ofrecen en las entidades públicas (régimen de la Ley 728). La Ley 728 ofrece contratos por tiempo indeterminado con beneficios completos. El número de puestos es fijo, lo cual significa que bajo el régimen 728 solo podrá contratarse cuando se desocupe un puesto 728. El 55% de los empleados de OSITRAN (171 personas) tienen contratos no permanentes. El régimen de la Ley 1057 para Contratos Administrativos de Servicios (CAS) es un régimen para el sector público que ofrece empleo no permanente con un contrato a plazo fijo de seis meses que puede renovarse sin límite. A diferencia del 728, el régimen CAS también ofrece menos beneficios, como seguros o pensiones. En 2013 se creó un nuevo régimen laboral (Ley 30057, SERVIR) como proyecto aplicable en toda la administración con el fin de desarrollar un régimen de empleo unificado para todos los funcionarios públicos. Ahora el OSITRAN aplica el nuevo régimen solo a la presidencia del Consejo Directivo.

Cuadro 2.8. Personal del OSITRAN por categoría, 2014-2019

Año	Número de empleados de apoyo	Número de empleados profesionales	Fuerza laboral total
2019	54	256	310
2018	79	225	304
2017	74	199	273
2016	69	205	274
2015	64	183	247
2014	54	146	200

Fuente: Información proporcionada por OSITRAN, 2019.

Cuadro 2.9. Personal del OSITRAN por gerencia, 2019

Gerencia	Ley 728	Ley 1057	TOTAL
Supervisión y Fiscalización	49	76	125
Administración	26	39	65
Regulación y Estudios Económicos	10	8	18

Gerencia	Ley 728	Ley 1057	TOTAL
Asesoría Jurídica	10	4	14
Oficina de Gestión Documental	4	13	17
Atención al Usuario	6	3	9
Procuraduría Pública	2	7	9
Presidencia Ejecutiva	6	2	8
Planeamiento y Presupuesto	5	3	8
Órgano de Control Institucional	5	6	11
Gerencia General	9	0	9
Órganos de Resolución de Controversias	3	2	5
Oficinas Desconcentradas	0	5	5
Oficina de Comunicación Corporativa	4	3	7
TOTAL	139	171	310

Fuente: Información proporcionada por OSITRAN, 2019.

Cuadro 2.10. Personal femenino/masculino del OSITRAN por categoría, 2019

Categoría	Masculino	Femenino
Alta dirección (Presidente del Consejo, gerentes y asesores)	27	14
Personal técnico	130	85
Persona de apoyo	21	33
Total	178	132

Fuente: Información proporcionada por OSITRAN, 2019.

Reclutamiento de personal de alta dirección

Veintitrés puestos de alta dirección son ocupados por nombramiento del Presidente del Consejo o el Gerente General sin proceso de selección público y competitivo y sin un plazo límite. El proceso se sustenta en el Manual de Clasificación de Cargos y el Manual de Descripción de Puestos del OSITRAN.

Dicha cifra incluye 18 cargos de confianza, que se limitan a 5% del personal total, en aplicación del Decreto Supremo 084-2016-PCM:

- Gerente General
- Asesor en Gestión Estratégica
- Asesor Legal
- Asesor Legal Especializado en Concesiones y APP
- Asesor en Gestión Administrativa
- Asesor en Gestión Directiva
- Asesor Técnico
- Coordinador de la Oficina de Comunicación Corporativa
- Coordinador de Seguridad y Defensa Nacional
- Gerente Legal
- Gerente de Planeamiento y Presupuesto
- Gerente de Administración
- Jefe de Gestión de Recursos Humanos
- Jefe de Logística y Control Patrimonial
- Jefe de Contabilidad

- Jefe de Tesorería
- Gerente de Regulación y Estudios Económicos
- Jefe de Contratos Ferroviarios y del Metro de Lima y Callao

Además, en aplicación del artículo 4 de la Ley 28175, Ley Marco del Empleo Público, los funcionarios en los cinco cargos siguientes son también nombrados y despedidos por el Presidente o el Gerente General:

- Adjunto a la Gerencia General
- Jefe de Tecnologías de la Información
- Jefe de Regulación
- Secretario Técnico del Tribunal de Solución de Controversias del OSITRAN
- Secretario Técnico de los Cuerpos Colegiados

Por otra parte, el Consejo Directivo nombra y despide a los miembros del Tribunal de Solución de Controversias y de los Cuerpos Colegiados, a propuesta del presidente[3]. Por ultimo, las siguientes categorías de la alta dirección son ocupadas por nombramiento de otras entidades:

- El Jefe del Órgano de Control Institucional es nombrado por la Contraloría General de la República (CGR)
- El Procurador Público y el Procurador Público Adjunto son nombrados por el Ministerio de Justicia

Los cargos de alta dirección restantes se someten a un proceso de reclutamiento regular y están incorporados al régimen laboral privado (régimen de la Ley 728). También es posible calificar para ellos mediante ascensos, excepto los cargos de confianza.

Reclutamiento regular

A principios de 2019, el OSITRAN aprobó nuevos lineamientos para reclutar a personal. Las ofertas de empleo se publican y el proceso de selección corre a cargo de un comité de selección conformado por el Jefe de Recursos Humanos, un representante del departamento de reclutamiento y uno de la Gerencia de Administración (GA). El Gerente General participa de manera activa en el proceso de selección de candidatos a puestos de los niveles de gerencia, jefatura o coordinación.

Recuadro 2.1. Principales pasos de un proceso de selección

- La gerencia en cuestión envía una solicitud de reclutamiento a la GA y al Jefe Recursos Humanos para su revisión.
- Se presenta un informe a la Gerencia General para su aprobación.
- El comité de selección prepara los términos de la convocatoria.
- Diez días hábiles antes del inicio del proceso de reclutamiento, se publican la descripción del puesto y los requisitos detallados en varios medios: el sitio web de OSITRAN, LinkedIn, y, cuando la gerencia que recluta lo solicita, en periódicos, bolsas de trabajo y portales de asociaciones profesionales.
- El proceso de selección gestionado por el comité de selección consta de las siguientes etapas:
  - Revisión del currículum vitae.
  - Prueba de conocimientos.
  - Evaluación psicológica.
  - Entrevista.

> El OSITRAN lleva a cabo todas las etapas del proceso, excepto la evaluación psicológica, que se encarga a un consultor. Cada criterio específico tiene una calificación y el candidato elegido es aquel que obtiene la calificación más alta. Los resultados se publican en el sitio web del OSITRAN, junto con la lista de documentos requeridos para la incorporación del candidato seleccionado, los cuales deberán entregarse dentro de los cinco días hábiles siguientes.
>
> Fuente: Información proporcionada por OSITRAN, 2019.

Remuneración

Los empleados del OSITRAN son remunerados de acuerdo con los límites mínimos y máximos establecidos por Decreto Supremo y avalados por el Consejo de Ministros y el Ministerio de Economía y Finanzas. Los salarios actuales se estipularon en 2006 y no están indexados a la inflación. El OSITRAN no lleva un registro de las brechas salariales en puestos comparables en el sector regulado. En 2018, el gobierno aumentó el sueldo del presidente del Consejo Directivo de PEN 15 600 a PEN 28 000 (alrededor de USD 8 480), con miras a aumentar la competitividad con la industria. Según el OSITRAN, la migración al régimen SERVIR implicaría una baja del salario del personal ahora empleado bajo el régimen de la Ley 728.

Cuadro 2.11. Escalas de remuneración en las entidades reguladoras de Perú

Expresadas en PEN

Categoría laboral	Sueldo mensual mínimo	Sueldo mensual máximo
Presidente*	28 000	-
Gerente general	15 600	15 600
Director, subdirector o asesor	14 000	15 600
Profesional I	10 700	14 900
Profesional II	7 000	11 500
Profesional III	5 100	10 400
Analista	3 400	5 700
Asistente	1 900	2 500

Nota: Por Decreto Supremo 172-2013-EF del 15 de julio de 2013 y * Decreto Supremo 024-2018-EF del 16 de julio de 2018.
Fuente: Información proporcionada por OSITRAN, 2019.

La reforma SERVIR se orienta a lograr de manera gradual un marco de empleo único y consolidado que armonice no solo las condiciones de empleo sino también la remuneración de los servidores públicos.

Reclutamiento, retención y capacitación de talento

Las renuncias voluntarias han constituido la causa principal de rotación de personal entre 2015 y 2018. En promedio, 21.5% del personal salió de la organización cada año, incluido un promedio de 18% de los miembros del personal que renuncian año con año. En 2019, la rotación de personal se ubicó por arriba de 15% en toda la economía peruana (Espinoza, 2019[3]), así como en 16% y 9% entre, respectivamente, el personal del regulador de energía y minería (Osinergmin) (OECD, 2019[4]) y el personal del regulador de telecomunicaciones (OSIPTEL) de Perú (OECD, 2019[5]). Muchas renuncias corresponden al personal técnico. En 2017 se registró un número particularmente alto de renuncias: 26% del personal renunció, incluidos 21 gerentes de alto nivel y 48 miembros del personal técnico.

El OSITRAN está consciente de este reto y está tomando medidas para revertir la tendencia. Por ejemplo, elaboró el Plan de Gestión y Desarrollo de Talento 2019-2022, dirigido a mejorar la atracción y la retención de talento mediante la propuesta de valor DREAMS. La propuesta contiene seis dimensiones:

- Desarrollo: Desarrollar y promover el desarrollo de competencias y avance profesional, para garantizar que los activos humanos cubran las necesidades organizacionales.
- Retención: Fortalecer e implementar herramientas innovadoras de retención que amplíen las oportunidades de reconocimiento y desarrollo.
- Equilibrio: Adoptar medidas que aumenten el bienestar del personal y de sus familias.
- Atracción: Garantizar procesos de reclutamiento y selección eficaces, desde la definición del perfil de los candidatos hasta la inducción de los nuevos empleados, incrementando la productividad y la gestión eficiente del entorno laboral.
- Motivación: Crear un entorno de trabajo en el que los objetivos individuales coincidan con los objetivos de la organización.
- Servicio: Implementar una cultura de servicio y asegurar una estrategia de comunicación que refuerce la relación con los actores interesados.

Además, el OSITRAN desarrolló el Plan de Alineamiento Cultural con el apoyo de consultoría externa, orientado a definir y fortalecer su cultura organizacional para sustentar el logro de su misión, objetivos y valores. Dicho plan contiene recomendaciones clave respecto a la gestión de recursos humanos, que incluye el proceso de reclutamiento y selección, inducción, gestión de desempeño, capacitación y bienestar social del personal.

Evaluación del desempeño

El Proceso de Gestión de Rendimiento se encuentra aún en una etapa piloto. En diciembre de 2018, dos resoluciones presidenciales aprobaron el Manual de Gestión del Rendimiento y la Guía Metodológica para el Evaluador, para el desarrollo de objetivos de rendimiento en la Gestión de Rendimiento. Estos nuevos lineamientos se pusieron en práctica desde mayo de 2019.

Proceso

El OSITRAN es encabezado por un Consejo Directivo y su presidente, quienes toman una amplia variedad de decisiones ejecutivas. Su Gerencia General planifica, organiza, encabeza, gestiona y supervisa el avance administrativo, operativo, económico y financiero del OSITRAN, al instaurar las políticas establecidas por el Consejo y el Presidente.

El OSITRAN apoya el uso de herramientas de calidad regulatoria, como el Análisis de Calidad Regulatoria (ACR), la evaluación *ex post* y la participación de los actores interesados para mejorar el proceso de toma de decisiones.

Órgano rector y toma de decisiones

Consejo directivo

El Consejo Directivo es el órgano rector de más alto nivel del OSITRAN. Sus funciones principales son las siguientes:

- Aprobar la dirección estratégica y las políticas propuestas por el presidente.
- Ejercer las funciones reguladora y normativa mediante resoluciones.

- Aprobar el PEI, el POI, el Presupuesto Institucional de Apertura, el balance general y los estados financieros auditados, así como el Informe de Rendición de Cuentas para enviar a la CGR.
- Interpretar los contratos de concesión e instrumentos en apego a los cuales las entidades reguladas desempeñan sus actividades, así como la provisión de servicios de transporte público de pasajeros del Metro de Lima.
- Aprobar opiniones técnicas antes de la ejecución de contratos de concesión o su renovación, así como la modificación, renegociación o revisión de la vigencia de la concesión.
- Emitir opiniones técnicas para el MTC u otras entidades públicas.
- Participar en procesos de resolución de controversias.
- Determinar la conformación de los Consejos de Usuarios.

El presidente del Consejo ocupa un puesto ejecutivo de tiempo completo, en tanto que los otros miembros del Consejo trabajan solo tiempo parcial. Estos últimos (actualmente un ingeniero, un abogado y un economista) son remunerados por acudir a dos sesiones obligatorias del Consejo de medio día al mes (PEN 1 500 por sesión). Es posible presentar solicitudes de reuniones adicionales bajo circunstancias extraordinarias por parte del presidente del Consejo o una mayoría de los miembros del Consejo, pero la ley expresamente prohíbe dar remuneración adicional. En los últimos 10 años dos mujeres han sido miembros de dicho Consejo. En la práctica, varios mandatos se han terminado en una etapa temprana (los de Ernesto López Mareovich, Jorge Genaro Cárdenas Bustíos, Sergio Fernando Pedro Salinas Rivas y Juan Carlos Paz Cárdenas, quienes acortaron la duración efectiva de su mandato) (Cuadro 2.12).

Cuadro 2.12. Conformación del Consejo Directivo 2007-2019

Nombre	Resolución Suprema	Fecha de inicio	Fecha de terminación	Profesión	Cargo	Observaciones
Rosa Verónica Zambrano Copello	099-2017-PCM (pub. 07/07/2017)	13/02/2017	13/02/2022	Abogado	Presidenta del Consejo	
Ernesto López Mareovich	225-2017-PCM (pub. 11/14/2017)	16/08/2017	10/06/2019	Economista	Vicepresidente	Electo por Acuerdo. 2122-646-18-CD-OSITRAN de fecha 5 de septiembre, 2018 Por Resolución Suprema 099-2019-PCM[1] se acepta renuncia
Alfredo Juan Carlos Dammert Lira	259-2016-PCM (pub. 10/20/2016)	20/06/2016	20/06/2021	Ingeniero	Miembro del Consejo	
Alex Segundo Díaz Guevara	226-2018-PCM (pub. 12/20/2018)	20/12/2018	20/12/2023	Ingeniero	Vicepresidente	Resolución Suprema N° 226-2018-PCM no indica la forma de asignación de periodos.
Julio Alfonso Vidal Villanueva	226-2018-PCM (pub. 12/20/2018)	20/12/2018	20/12/2023	Abogado	Miembro del Consejo	
Cesar Antonio Balbuena Vela		14/11/2017	27/10/2018	Ingeniero	Miembro del Consejo	
		18/08/2013	15/10/2017			
Jorge Genaro Cárdenas Bustíos		18/08/2013	12/08/2016	Ingeniero	Miembro del Consejo	Terminación temprana por fallecimiento

Nombre	Resolución Suprema	Fecha de inicio	Fecha de terminación	Profesión	Cargo	Observaciones
Patricia Benavente Donayre		16/09/2012	23/01/2017	Abogada	Presidente del Consejo	
Juan Carlos Paz Cárdenas		19/06/2011	24/08/2013	Oficial de la Marina	Miembro del Consejo	Por Resolución Suprema. 239-2013-PCM se acepta renuncia[2]
César Antonio Sánchez Modena		26/08/2008	26/10/2013	Ingeniero	Miembro del Consejo	
Jesús Francisco Tamayo Pacheco		31/10/2007	19/08/2013	Ingeniero	Miembro del Consejo	
Sergio Fernando Pedro Salinas Rivas		14/08/2007	13/03/2009	Abogado	Miembro del Consejo	
Juan Carlos Zevallos Ugarte		10/02/2007	11/04/2012	Economista	Presidente del Consejo	

Recuadro 2.2. Selección y destitución del Consejo Directivo

Los criterios de selección para ser miembro del Consejo del OSITRAN son los siguientes:

- Ser profesional con por lo menos 10 años de experiencia.
- Tener solvencia y aptitud profesional reconocida, obtenida mediante no menos de tres años de experiencia en un puesto de dirección ejecutiva, con conocimientos sobre la toma de decisiones en empresas públicas o privadas, o cinco años de experiencia en asuntos relativos a la competencia del organismo regulador.
- Haber terminado estudios de maestría en temas relacionados con la competencia del organismo regulador.

Todos los miembros del Consejo son seleccionados de la manera siguiente:

- La revisión de candidatos por un comité de selección compuesto por un miembro propuesto por la PCM, un miembro propuesto por el Indecopi, un miembro propuesto por el MEF y un miembro propuesto por el ministerio sectorial vinculado con las actividades del regulador.
- El presidente del Consejo de Ministros presenta al presidente de la República la lista final de candidatos seleccionados.
- El presidente de la República nombra por Resolución Suprema a los miembros del Consejo, quienes son ratificados por el presidente del Consejo de Ministros, el Ministro de Economía y Finanzas y el ministerio sectorial vinculado con las actividades del regulador.

Los miembros del Consejo del OSITRAN son nombrados para un periodo de cinco años, que puede renovarse una vez. Están sujetos a criterios de incompatibilidad y a restricciones previas y posteriores al desempeño de su cargo establecidas en las leyes 27332 y 27588 (véase la sección *Integridad y conflictos de intereses*).

La Ley establece razones para destituir a los miembros del Consejo: solo podrán ser despedidos por conducta indebida grave, la cual debe comunicarse al Congreso.

En caso de que un miembro del Consejo salga antes de terminar su periodo en funciones, el nuevo miembro solo será nombrado para el tiempo restante. Las vacantes deben ocuparse dentro de los 30 días anteriores a la expiración del periodo en funciones de un miembro, aunque excepcionalmente se prorroga por 60 días por Decreto Supremo.

Fuente: Ley 27332; Decreto Supremo 103-2012-PCM; Ley 29158, Decreto Supremo 014-2008-PCM; (OECD, 2018[2]).

Presidente del Consejo Directivo

El Consejo Directivo es representado a tiempo completo por el presidente del Consejo, quien también ejerce la función de presidente del OSITRAN, la mayor autoridad y titular de dicho regulador. El presidente establece la dirección estratégica y las funciones del Consejo, ejerce funciones ejecutivas y administrativas y presenta informes a nombre del regulador a la PCM y el MEF. En caso de impedimento temporal, el vicepresidente del Consejo realiza estas funciones.

El presidente del Consejo es seleccionado mediante concurso público. Un comité de selección, conformado por dos miembros de la PCM, un miembro propuesto por el MEF y otro por el MTC, propone una lista de postulantes a la PCM, la cual presenta al presidente de la República el nombre del candidato seleccionado propuesto. El presidente es nombrado para un periodo de cinco años (que puede renovarse una vez) por Decreto Supremo suscrito por el presidente de la República y avalado por el presidente del Consejo de Ministros.

Las principales funciones del presidente son las siguientes:

- Fijar la dirección estratégica, desarrollar y encabezar la política institucional y vigilar el desempeño.
- Aprobar los recursos humanos, las finanzas, así como las estrategias de comunicación y de relaciones institucionales, a propuesta de la Gerencia General.
- Coordinar con instituciones y organismos sobre los aspectos referidos al proceso de nuevas concesiones de la infraestructura de transporte público.
- Convocar y presidir las sesiones del Consejo y determinar los asuntos a ser incorporados en la agenda.
- Designar al Gerente General y empleados de confianza[4].
- Representar al OSITRAN ante entidades públicas de nivel nacional e internacional[5].

Gerente General (GG)

El GG es responsable de la implementación de las políticas establecidas por el Consejo y el presidente. Puede asegurar la representación legal del OSITRAN y asumir otras funciones que le sean delegadas por el Consejo Directivo o la Presidencia Ejecutiva. Además, el GG supervisa el proceso presupuestario, así como las medidas de transparencia y la atención al público. El GG asiste a las sesiones del Consejo, pero no tiene voto en ellas.

Las principales funciones del Gerente General son las siguientes:

- Hacerse cargo de las responsabilidades administrativas, operativas, económicas y financieras del OSITRAN.
- Presentar al Consejo o al presidente, para su aprobación, el plan estratégico, el Presupuesto Institucional, el Balance General, los Estados Financieros auditados, el Plan Anual de Contrataciones, el Plan Anual de Capacitación, los documentos e instrumentos de gestión, así como el Informe de Rendición de Cuentas que se remitirá a la Contraloría General de la República (CGR).
- Aprobar normas y otros documentos de gestión interna relativos a la marcha administrativa de la Institución.
- Gestionar, coordinar y supervisar el funcionamiento de las gerencias del OSITRAN.

Proceso de toma de decisiones

El funcionamiento del Consejo Directivo es definido por Resolución del Consejo. Esta establece el contenido mínimo de los documentos que los departamentos deben someter al Consejo antes de las reuniones, las funciones y responsabilidades de los participantes en las reuniones, el proceso de debate y toma de decisiones y la preparación de las actas. Algunas de las principales cláusulas son las siguientes:

- La agenda de la reunión es establecida por el presidente.
- Todos los asuntos por debatir (tarifas, nuevos contratos de concesión, adendas a los contratos de concesión, mandatos de acceso, proyectos de regulaciones, el POI, entre otros) son sustentados por informes preparados por las gerencias. Los informes deberán presentarse tres días hábiles antes de la reunión. Pueden solicitarse opiniones externas.
- Durante la sesión, los representantes de los departamentos hacen una presentación y contestan preguntas planteadas.
- El Consejo delibera y decide por unanimidad o mayoría. Cada miembro del Consejo tiene un voto y el presidente tiene el voto de calidad. El quórum para las reuniones es de tres miembros presentes, incluidos el presidente y el vicepresidente.

Datos e información utilizados por el Consejo para tomar decisiones

Las reuniones del Consejo se realizan a puerta cerrada. Las actas se publican en el sitio web del OSITRAN dentro de los dos días posteriores a la reunión[6]. Además, la información pertinente utilizada por el Consejo para tomar decisiones se publica en el Diario Oficial El Peruano y en el sitio web del OSITRAN[7]. Puede garantizarse la confidencialidad a solicitud de las partes interesadas, con el fin de proteger el secreto comercial o industrial. Algunas decisiones del Consejo, como la aprobación de regulaciones o la modificación de tarifas, incluye una etapa de publicación obligatoria (véase la sección *Consultas a actores interesados y Consejos de Usuarios*). Pueden publicarse otras decisiones del Consejo, a criterio de este.

Gestión organizacional interna

El OSITRAN está organizado como sigue (véase el organigrama completo en la Gráfica 2.2):

- Los **organismos estratégicos** incluyen el Consejo Directivo, el presidente del Consejo y el Gerente General, descritos antes.
- El **Órgano de Control Institucional** desempeña funciones de control gubernamental en el OSITRAN y rinde informes a la institución suprema de control. De conformidad con la normativa del Sistema Nacional de Control, cautela la legalidad y eficiencia de las actividades del OSITRAN y el logro de sus objetivos.
- La Procuraduría Pública es el **órgano de defensa jurídica**. Representa al OSITRAN en procesos judiciales y procedimientos administrativos, arbitrajes y conciliaciones extrajudiciales.
- Los **órganos de asesoramiento** son responsables de desarrollar y ofrecer asesoría e iniciativas a la Gerencia General. La Gerencia de Asesoría Jurídica (GAJ) brinda asesoría legal en materia contractual, regulatoria y administrativa. La Gerencia de Planeamiento y Presupuesto (GPP) conduce, formula, implementa y efectúa el seguimiento de las actividades en materia de planeamiento estratégico y presupuesto público. La gerencia también promueve el desarrollo organizacional, supervisa los procesos (incluido el Sistema de Gestión de Calidad) y coordina la cooperación técnica con otras entidades.
- La Gerencia de Administración (GA) agrupa a los **Órganos de Apoyo** que brindan soporte en las áreas de recursos humanos y financieros y los servicios de TI.

- Los **Órganos de Línea** son responsables de desarrollar regulaciones, supervisar y proteger usuarios. La Gerencia de Regulación y Estudios Económicos (GRE) supervisa el sistema tarifario e instruye los procedimientos tarifarios. Asimismo, lleva a cabo estudios, investigaciones y publicaciones. La Gerencia de Atención al Usuario (GAU) cautela los derechos del usuario intermedio y final relacionados con la infraestructura de transporte de uso público de competencia del OSITRAN. También promueve políticas, procesos y mecanismos eficaces para la atención de calidad dirigidos a dichos usuarios. La Gerencia de Supervisión y Fiscalización (GSF) coordina y ejecuta las actividades del OSITRAN en estos dos ámbitos.

- Los **órganos de solución de controversias**: El Tribunal de Solución de Controversias resuelve en segunda y última instancia administrativa las controversias que surjan entre dos entidades reguladas, entre una entidad regulada y un usuario intermedio, sobre los reclamos de los usuarios, así como otros asuntos expresamente establecidos en las regulaciones. El Tribunal en Asuntos Administrativos (TAA) resuelve en segunda y última instancia administrativa los recursos de apelación planteados contra lo resuelto por la Gerencia de Supervisión y Fiscalización.

- Los **Órganos Desconcentrados del OSITRAN:** Ofrecen asistencia técnica en materia regulatoria, supervisora y fiscalizadora, así como de solución de controversias y atención al usuario, en coordinación con los órganos del OSITRAN competentes.

- Por otra parte, **la Oficina de Comunicación Corporativa** está adscrita a la Presidencia Ejecutiva y gestiona todas las solicitudes de los medios y la relación con la prensa nacional, participa en actividades de divulgación con empresas, organismos públicos y ciudadanos, genera el informe anual y se encarga de la comunicación interna.

La mayoría de los órganos están adscritos al Gerente General (GG) excepto el Órgano de Control Institucional, la Procuraduría Pública, el Tribunal de Solución de Controversias (TSC) y los Cuerpos Colegiados.

Gráfica 2.2. Estructura organizacional del OSITRAN

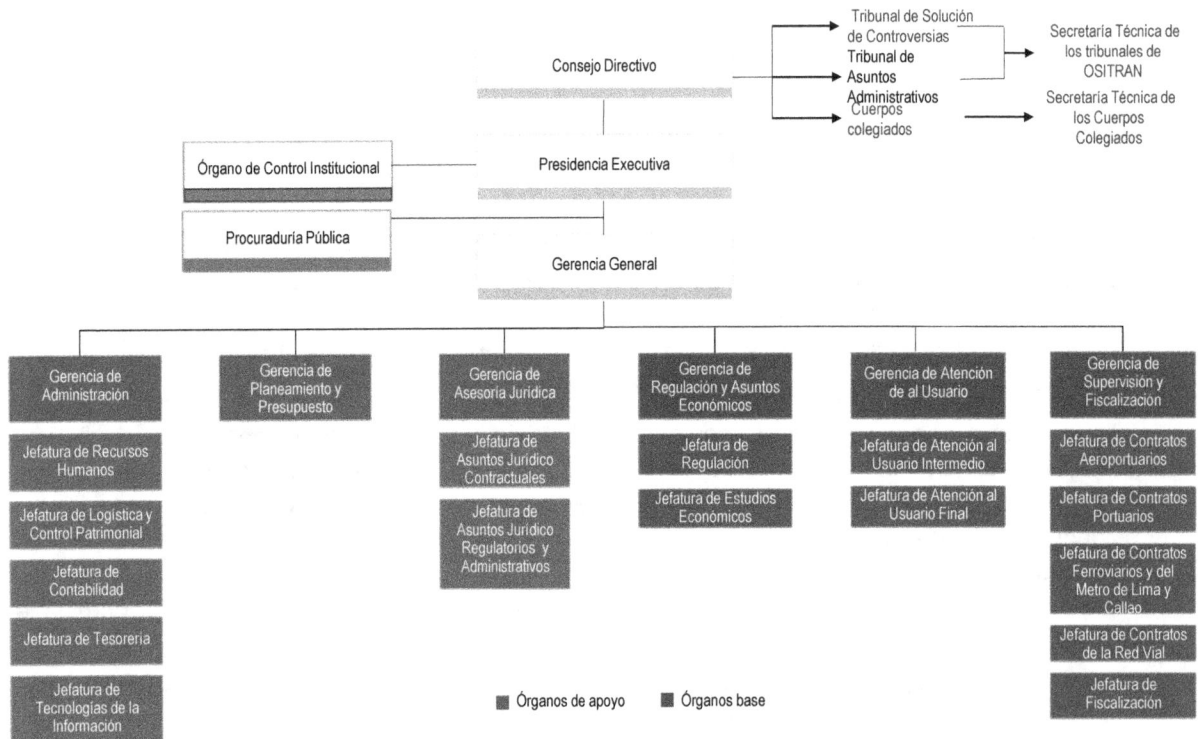

Fuente: Información proporcionada por OSITRAN, 2019.

Mecanismos de control interno

En 2008, el OSITRAN implementó por primera vez un sistema de control interno y un sistema de gestión de calidad, los cuales se han actualizado periódicamente. En 2016, el OSITRAN optó por la adopción de medidas preventivas basadas en riesgos en vez de un enfoque correctivo *ex post*. El Manual de Gestión de Riesgos, publicado en 2017, establece la política interna de gestión de riesgos, con base en la orientación proporcionada por la Contraloría General de la República (CGR) y las mejores prácticas internacionales. El Plan de Gestión de Riesgos pone en claro la estrategia de implementación de la política. El Comité de Control Interno del OSITRAN se reúne con regularidad con el fin de promover acciones para la implantación eficaz del sistema de control interno. El regulador obtuvo la certificación ISO 9001 (sistema de gestión de calidad) y está en proceso de implementar la ISO 27001 (sistema de gestión de seguridad de la información).

Herramientas de calidad regulatoria

El Análisis de Calidad Regulatoria (ACR) es un procedimiento para evaluar regulaciones que establece procedimientos administrativos para identificar, reducir y/o eliminar procedimientos innecesarios, injustificados, desproporcionados o redundantes (Resolución Ministerial 196-PCM-2017). Las leyes promulgadas por la PCM requieren que todas las entidades gubernamentales lleven a cabo ACR respecto a todas las regulaciones que dicten cambios en los procedimientos administrativos. De manera más concreta, el Decreto estipula tres acciones: una evaluación *ex ante* del impacto de los procedimientos administrativos, una revisión de las regulaciones vigentes y una revisión del acervo regulatorio cada tres años para reducir las cargas.

Se creó la Comisión Multisectorial sobre Calidad Regulatoria (CMCR) como órgano permanente adscrito a la PCM. La CMCR evalúa y valida los ACR efectuados por entidades públicas del Poder Ejecutivo que siguen cuatro principios: legalidad, necesidad, efectividad y proporcionalidad. La CMCR comparte con la entidad pública observaciones y sugerencias para mejorar la medida, con el fin de considerar cuál finalmente se envía de vuelta a la CMCR, para su validación. La CMCR puede también proponer el rechazo de un procedimiento administrativo presentado para sujetarse a un ACR, si no cumple con los principios de legalidad o necesidad.

De manera independiente y simultánea al desarrollo del ACR de la PCM, tres reguladores sectoriales — Osinergmin, OSIPTEL y OSITRAN — elaboraron manuales y lineamientos para valorar el impacto de las regulaciones. Dichos manuales incrementan el alcance de los análisis y la aplicación de las evaluaciones, al incluir un espectro más amplio de regulaciones, y no solo aquellas que afectan los procedimientos administrativos.

El OSITRAN había realizado análisis de impacto regulatorio (AIR) de proyectos de regulaciones antes de 2018, pero no sobre una base obligatoria ni los había dado a conocer. Hoy, la única experiencia formal en la elaboración de AIR en el OSITRAN tuvo que ver con la modificación del Reglamento General de Tarifas de OSITRAN (RETA). En la actualidad se está modificando el Reglamento Marco de Acceso a la Infraestructura de Transporte de Uso Público (REMA) y las Reglas Generales de Supervisión, de acuerdo con la metodología de la Guía AIR.

Evaluaciones ex ante

En 2016 el OSITRAN adoptó su Política de Mejora Regulatoria y creó el Comité de Mejora Regulatoria, orientado a velar por la calidad regulatoria y demostrar su compromiso de implementar las recomendaciones planteadas por la OCDE (OECD, 2018[2]).

En 2017 el OSITRAN inició su propio proceso de AIR y publicó el Manual de Análisis de Impacto Regulatorio, con el apoyo de la OCDE. Dicho manual interno establece directrices y criterios para llevar a cabo AIR acatando las buenas prácticas de la OCDE en este terreno.

La gerencia que identifique la necesidad de modificar o aprobar una nueva regulación es responsable de la elaboración del AIR. La Gerencia de Asesoría Jurídica (GAJ) brinda apoyo y revisa la calidad de los proyectos de regulación en términos jurídicos. Todos los AIR que se preparan son supervisados por el Consejo Directivo y por el Comité de Evaluación de AIR. Las regulaciones pueden evaluarse utilizando análisis de costo-beneficios, análisis de costo-efectividad o análisis multicriterio. Los AIR se incluyen después entre los documentos enviados al Consejo. Se publica en línea una versión simplificada del AIR para consulta pública.

En mayo de 2018, el OSITRAN aprobó el procedimiento PC-15-SGC "Elaboración y revisión de normas en el marco del Análisis de Impacto Regulatorio", que define los diferentes pasos para elaborar o revisar normas generales aplicables a entidades reguladas y usuarios que implica crear obligaciones, requisitos y procedimientos adicionales, así como los pasos a seguir para llevar a cabo el AIR correspondiente.

Revisiones ex post

El OSITRAN ha trabajado con constancia para mejorar las regulaciones. La Política de Mejora Regulatoria establece que una revisión sistemática y periódica de las regulaciones es parte del Sistema de Gestión de Calidad Regulatoria, cuyo fin es identificar y eliminar cargas y requerimientos ineficaces.

De acuerdo con el ACR de la PCM, el OSITRAN revisó su acervo completo de regulaciones para determinar qué necesidad hay que actualizar. El Secretariado Técnico de la Comisión Multisectorial sobre Calidad Regulatoria validó 12 de 15 procedimientos administrativos que se examinaron con el formato del ACR en noviembre de 2018.

Participación y transparencia del proceso de participación

Muchos actores gubernamentales y no gubernamentales están involucrados de manera directa o indirecta con el sector de infraestructura de transporte público. Algunos actores de carácter gubernamental son el MTC, el MEF y el Congreso, entre otros. Los actores no pertenecientes al gobierno incluyen los usuarios intermedios y finales, así como asociaciones empresariales, por ejemplo, la Asociación para el Fomento de la Infraestructura Nacional (AFIN), que agrupa a concesionarios de infraestructura de servicios públicos.

Consejos de Usuarios

La LMOR requiere que los reguladores tengan uno o más Consejos de Usuarios para asegurar la participación de los actores interesados y que sirvan como mecanismo consultivo para la toma de decisiones. Los consejos pueden ser locales, regionales o nacionales. Los reguladores publican una convocatoria a posibles candidatos a formar parte de los Consejos de Usuarios, así como una lista provisional de candidatos y una final de los miembros elegidos. Los miembros de los Consejos de Usuarios provienen de asociaciones de consumidores, universidades, colegios profesionales, organizaciones sin fines de lucro y organizaciones empresariales no relacionadas con las entidades reguladas. Dichos miembros no reciben remuneración, pero los reguladores deben financiar las actividades de los consejos.

Las siguientes son algunas funciones de los Consejos de Usuarios:

- Emitir opiniones sobre las funciones y facultades del OSITRAN.
- Participar en las audiencias públicas relativas al marco regulatorio del OSITRAN.
- Realizar eventos académicos, en coordinación con el Consejo Directivo.

- Proporcionar un foro eficaz que permita a los usuarios intercambiar ideas sobre las políticas y las reglas del OSITRAN y plantear preguntas al Consejo Directivo.
- Contribuir a mejorar la calidad de los servicios de la infraestructura de transporte de uso público.

> **Recuadro 2.3. Consejos de Usuarios del OSITRAN**
>
> El Consejo Directivo determina la composición de los Consejos de Usuarios y aprueba su financiación. Los miembros son nombrados para un periodo de dos años. El Reglamento de Funcionamiento de los Consejos de Usuarios de OSITRAN establece que el regulador proporciona todas las facilidades logísticas necesarias para llevar a cabo las sesiones de los consejos. Una línea presupuestaria específica cubre los gastos en que incurren los consejos para realizar sus actividades, incluidas visitas a las infraestructuras concesionadas.
>
> El OSITRAN cuenta con ocho Consejos de Usuarios que actúan como mecanismos creados para fomentar la participación de los actores interesados en la actividad reguladora de cada sector implicado.
>
> Cuatro Consejos de Usuarios de alcance nacional están adscritos a la Presidencia del Consejo, respectivamente: Consejos de Usuarios de Aeropuertos, de Puertos, de la Red Vial y Ferroviarios.
>
> Asimismo, cuatro Consejos de Usuarios de alcance regional, que responden a las necesidades y características específicas de las infraestructuras locales, están adscritos al Gerente General, uno en cada una de las siguientes localidades: Arequipa, Cusco, Loreto - San Martín y Piura.
>
> El OSITRAN proporciona información a los Consejos de Usuarios mediante:
> - presentaciones de especialistas durante sesiones de consulta
> - publicación en el sitio web del OSITRAN de las actas de las sesiones de los Consejos de Usuarios
> - publicación en medios sociales de las notas informativas del OSITRAN
> - publicación del Boletín de las Sesiones Nacionales de los Consejos de Usuarios, donde se abordan las buenas prácticas nacionales e internacionales en infraestructuras de transporte público
>
> Fuente: Información proporcionada por OSITRAN, 2019.

El regulador convoca a por lo menos dos sesiones ordinarias de los Consejos de Usuarios al año para brindar información pertinente sobre la implementación de las infraestructuras concesionadas, así como para reunir las principales propuestas y solicitudes de información presentadas por los Consejos de Usuarios.

En 2018, el OSITRAN celebró 28 sesiones de los Consejos de Usuarios:

Cuadro 2.13. Sesiones de los Consejos de Usuarios en 2018

Tipo de Consejo de Usuarios	Sesiones celebradas en 2018
Consejo de Usuarios de Aeropuertos	4
Consejo de Usuarios de Puertos	6
Consejo de Usuarios de la Red Vial	3
Consejo de Usuarios Ferroviarios	3
Consejo de Usuarios de Cusco	4

Tipo de Consejo de Usuarios	Sesiones celebradas en 2018
Consejo de Usuarios de Arequipa	3
Consejo de Usuarios de Loreto - San Martín	3
Consejo de Usuarios de Piura	2
Total	28

Fuente: Información proporcionada por OSITRAN, 2019.

La Gerencia de Atención al Usuario (GAU) se desempeña como Secretaría Técnica durante las sesiones de dichos consejos. El OSITRAN prepara la agenda con base en las propuestas de los Consejos de Usuarios en coordinación con la Presidencia del Consejo o con el Gerente General, o quienes sean requeridos por las regulaciones sectoriales.

Participación de los actores interesados

En Perú la Ley ordena publicar toda nueva ley y regulación en el Diario Oficial, sitio web u otro instrumento por lo menos 30 días antes de su entrada en vigor, con el fin de recibir comentarios al respecto (OECD, 2016[6]). Además, antes de publicar una resolución de establecimiento de tarifas, la Ley 27838 ordena al regulador organizar consultas públicas desconcentradas para exponer a los actores interesados los criterios, la metodología, estudios, informes, modelos económicos y opiniones que justifican la decisión de modificar la tarifa.

El OSITRAN incluyó en el Reglamento General de Tarifas de OSITRAN (RETA) los requisitos para gestionar la participación de actores interesados para la regulación de tarifas y en el Reglamento General del OSITRAN (REGO) aquellos para los proyectos de regulación. Además, en el Manual AIR del OSITRAN se establecen lineamientos y criterios para las consultas públicas, con el fin de mejorar la transparencia, la eficiencia y la eficacia de las regulaciones. Dichos textos incluyen los requisitos para recabar opiniones de los actores interesados y celebrar audiencias públicas.

Respecto a las tarifas, el OSITRAN publica información pertinente relacionada con la propuesta de revisión de tarifas en el Diario Oficial El Peruano y en su sitio web:

- resolución preliminar del Consejo Directivo donde se aprueba la propuesta tarifaria
- memorando explicativo
- lista de documentos de apoyo
- fecha(s) y lugar(es) donde se realizará(n) la(s) audiencia(s) pública(s)
- plazo para enviar comentarios por escrito, que no será menor de 15 días ni mayor de 30 días, contados a partir de la publicación de la propuesta para establecer o modificar la tarifa

Además, el OSITRAN invita a usuarios, miembros del Consejo de Usuarios y actores interesados no menos de cinco días antes de la fecha de la audiencia pública. Asimismo, el regulador envía la documentación pertinente a la entidad regulada. Se celebran audiencias privadas con entidades reguladas y organizaciones representantes de usuarios, a su solicitud.

Según se aprecia en el Cuadro 2.14, el OSITRAN consultó a los Consejos de Usuarios en todos los casos de revisión de tarifas atendidos durante 2018.

En relación con la consulta a actores interesados sobre proyectos de regulaciones, deberá publicarse información pertinente en el Diario Oficial El Peruano, en el sitio web del OSITRAN y en cualquier otro medio que asegure su difusión a las partes interesadas. Se requiere que la publicación contenga el texto del proyecto de regulación y el memorando explicativo denominado "exposición de motivos". También podría explicar la base regulatoria, los problemas detectados y el alcance del Proyecto de regulación. A partir de mayo de 2018, las propuestas regulatorias deberán ser sustentadas por un informe AIR, el cual también se presenta a consideración de los actores interesados. Estos podrán compartir sus comentarios escritos y verbales en un plazo determinado que no podrá ser menor de 15 días calendario desde la fecha de publicación del proyecto. En 2016, el OSITRAN celebró una audiencia pública en cada una de las siguientes ciudades: Lima, Tarapoto, Iquitos, Arequipa, Cusco y Piura.

Cuadro 2.14. Consultas de los Consejos de Usuarios sobre tarifas en 2018

Consejos de Usuarios	Sesión	Fecha	Agenda ítems
Consejo de Usuarios de Aeropuertos	038	12 de septiembre, 2018	Revisión del Factor de Productividad del Aeropuerto Internacional Jorge Chávez
Consejo de Usuarios de Puertos	049	27 de septiembre, 2018	Determinación de tarifas de un Segundo Grupo de Servicios Especiales en el Nuevo Terminal Portuario de Yurimaguas - Nueva Reforma
Consejo de Usuarios de Loreto – San Martín	015	1 de octubre de 2018	Determinación de tarifas de un Segundo Grupo de Servicios Especiales en el Nuevo Terminal Portuario de Yurimaguas – Nueva Reforma

Fuente: Información proporcionada por OSITRAN, 2019.

Retroalimentación proporcionada después de las consultas

El OSITRAN prepara una matriz de comentarios de los actores interesados sobre las propuestas tarifarias y regulatorias con una evaluación técnica y legal sobre si se considerarán o no los comentarios. Cuando se adopta o modifica una regulación, se publican de nuevo en el sitio web del OSITRAN la regulación final, el memorando explicativo ("exposición de motivos"), el informe AIR y la matriz de comentarios de la consulta.

Apelaciones

El OSITRAN tiene facultades para resolver controversias y reclamos de usuarios. El Consejo Directivo tiene la responsabilidad final de resolver apelaciones contra decisiones relativas a las tarifas. El OSITRAN cuenta con tres órganos resolutivos administrativos principales regidos por sus regulaciones internas y apoyados por una secretaría técnica:

- Cuerpos Colegiados de Solución de Controversias
- Tribunal de Solución de Controversias (TSC)
- Tribunal de Asuntos Administrativos (TAA)

Cuadro 2.15. Órganos resolutivos administrativos del OSITRAN

	Solución de controversias	Solución de reclamos	Solución de reclamos especiales	Sanciones impuestas por la GSF
Por resolver	Conflictos administrativos entre entidades reguladas	Reclamos presentados por usuarios intermedios y finales (por ejemplo, facturación, interrupción del servicio, etc.)	Reclamos presentados por usuarios para resolver la negativa de acceso a infraestructuras	Apelaciones presentadas por entidades reguladas contra sanciones impuestas por la GSF
Primera instancia	Cuerpos Colegiados	Entidades reguladas	Entidades reguladas	GSF
Segunda instancia	Tribunal de Solución de Controversias	Tribunal de Solución de Controversias	Tribunal de Solución de Controversias	Tribunal de Asuntos Administrativos

Fuente: Información proporcionada por OSITRAN, 2019.

Ha habido demoras en el nombramiento de miembros del Tribunal de Solución de Controversias (TSC) y el Tribunal de Asuntos Administrativos (TAA). De conformidad con la LMOR, los miembros del TSC son designados por Decreto Supremo emitido por la PCM. Desde 2013, la PCM no ha nombrado a dos de los cinco miembros del TSC. Por otra parte, el TAA se creó para operar como órgano de segunda instancia para sancionar procedimientos. El Consejo Directivo nombra a sus miembros a propuesta del presidente del OSITRAN. A agosto de 2019 no se había nombrado a los miembros del TAA y la Gerencia General desempeñaba sus funciones.

El Poder Judicial puede revisar las decisiones administrativas mediante un proceso contencioso administrativo, en el marco de la Ley 27584. Los jueces podrán tomar una decisión sobre el caso con base en el mérito del tema o los defectos de procedimiento del trámite administrativo.

Cuadro 2.16. Apelaciones y resultados

Año	Decisiones administrativas del OSITRAN	Apelaciones ante el tribunal	Número de decisiones ratificadas	Número de decisiones rechazadas	Número de procesos continuos
2018	284	38	1	0	42
2017	349	52	3	1	46
2016	322	56	30	0	26
2015	381	13	10	0	3

Nota: En el cuadro solo se consideran los procesos judiciales iniciados contra decisiones administrativas emitidas por el OSITRAN entre enero de 2015 y diciembre de 2018.
Fuente: Información proporcionada por OSITRAN, 2019.

Por otra parte, el OSITRAN puede verse involucrado en procedimientos de arbitraje, que son de dos tipos: aquellos en los que las partes son el MTC y una entidad regulada y otros en los que las partes son el OSITRAN y la entidad regulada. En el primer caso, las controversias en ocasiones tienen que ver con decisiones del OSITRAN; por consiguiente, el regulador interviene como la tercera parte. En el segundo, las controversias tienen que ver directamente con las decisiones del OSITRAN.

Supervisión y fiscalización

La supervisión y la fiscalización absorben una cantidad creciente de recursos: en 2019, 125 de 310 miembros del personal del OSITRAN trabajan en la Gerencia de Supervisión y Fiscalización (Cuadro 2.9 y Cuadro 2.7). El OSITRAN se encarga de supervisar el cumplimiento de las múltiples obligaciones establecidas en 32 contratos de concesión. Las actividades son realizadas tanto por los empleados permanentes como por empresas externas que brindan servicios de supervisión especializados, y en ellas se usan pocas herramientas digitales y electrónicas.

Cada contrato de concesión incluye una matriz de riesgos que incluye los riesgos financieros, políticos y de fuerza mayor, de mercado, de construcción, entre otros. El regulador no cuenta con un enfoque de gestión basado en riesgos para priorizar las actividades de inspección. Sin embargo, el OSITRAN está trabajando para utilizar los limitados recursos de mejor manera mediante inspecciones por muestreo.

Si detecta casos de incumplimiento de las obligaciones contractuales, el OSITRAN puede imponer sanciones para las entidades reguladas. El proceso correspondiente empieza con un informe de supervisión que identifica pruebas de incumplimiento y continúa con la comunicación e imposición de multas o sanciones. El regulador puede brindar la oportunidad de corregir un defecto o una infracción sin aplicar sanciones o penalidades. Sin embargo, las entidades reguladas perciben al OSITRAN como una autoridad sancionadora.

El OSITRAN lleva a cabo sus funciones de supervisión y fiscalización con base en los documentos siguientes:

- reglas generales de supervisión
- plan anual de supervisión
- reglamento de Incentivos, Infracciones y Sanciones (RIIS)

Las reglas generales de supervisión establecen cuatro tipos de actividades de fiscalización: reuniones de trabajo con las entidades reguladas para recabar información o coordinar acciones, labores de supervisión para revisar la información proporcionada por las entidades reguladas, inspecciones periódicas (visitas a sitios de infraestructura) e inspecciones permanentes en las instalaciones (personal del OSITRAN permanente en los sitios de infraestructura).

El plan anual de supervisión se publica en el sitio web del OSITRAN y proporciona información relacionada con las obligaciones de los contratos de concesión. Incluye descripciones del tipo de actividades supervisadas mostradas en el Cuadro 2.17.

Cuadro 2.17. Tipos de supervisión

Supervisión de inversiones	Supervisión de aspectos operativos	Supervisión de aspectos económicos y comerciales	Supervisión de aspectos administrativos y financieros
El OSITRAN verifica el cumplimiento de las obligaciones relacionadas con el desarrollo de infraestructura.	Durante la etapa de explotación, las entidades reguladas tienen obligaciones operativas relacionadas con la provisión de servicios. Las entidades reguladas deben cumplir con los niveles de servicio.	Durante la etapa de explotación, las entidades reguladas deben cumplir con las obligaciones relacionadas con el establecimiento de tarifas. Por otra parte, los concesionarios deben garantizar el acceso a los usuarios intermedios y resolver sus reclamos con eficiencia.	El OSITRAN verifica el cumplimiento de las obligaciones relacionadas con las obligaciones financieras de las entidades reguladas (por ejemplo, pago de aportes por regulación, validez de pólizas de seguros y cartas de garantía, entre otros).

Fuente: Plan anual de supervisión del OSITRAN, 2019.

En 2018, el Consejo Directivo emitió el Reglamento de Incentivos, Infracciones y Sanciones (RIIS). Dichas regulaciones se orientan a fomentar el cumplimiento voluntario y la prevención más que procesos punitivos y reactivos. Mediante este cambio, el regulador desea cambiar de ser una entidad percibida como autoridad sancionadora a una institución proactiva que promueve el cumplimiento. El RISS contiene una nueva metodología para calcular sanciones que mejorarían la previsibilidad. El OSITRAN explica la metodología en una guía publicada en su sitio web (OSITRAN, 2018[7]).

El OSITRAN prioriza inspecciones relacionadas con los reclamos de los usuarios e infracciones graves a obligaciones contractuales. Durante 2018 la GAU recibió 17 reclamos que provocaron que se emprendieran actividades de inspección (Cuadro 2.18).

Cuadro 2.18. Reclamos recibidos por la GAU

Infraestructura	Reclamos
Carreteras	7
Aeropuertos	6
Metro de Lima	2
Puertos	2
Total	17

Fuente: Información proporcionada por OSITRAN, 2019.

El regulador no publica sus informes de inspección, pero estos pueden solicitarse bajo la Ley de Transparencia peruana. Además, mediante presentaciones a los Consejos de Usuarios se aporta cierta información.

Algunos aspectos requieren cooperación entre divisiones y departamentos, así como coordinación interinstitucional con otras entidades (por ejemplo, el MTC, la APN y la SUTRAN). El OSITRAN se coordina con estos órganos utilizando mecanismos *ad hoc* e informales.

Integridad y conflictos de intereses

El OSITRAN es regido por el Código de Ética de la Función Pública (Ley 27815) que establece principios éticos para servidores públicos y se aplica a todo el personal del OSITRAN, sea cual sea su régimen laboral. Dichas regulaciones gobiernan las relaciones entre el personal del OSITRAN y el sector regulado.

El regulador también tiene que implementar el modelo de integridad y las Oficinas u Oficiales de Integridad Institucional ('OII') previstos en la política anticorrupción del gobierno (Decreto Supremo 092-2017-PCM) y en la resolución de Secretaria de Integridad Publica n°001-2019-PCM/SIP. El OSITRAN no tiene su propio código de ética. Sin embargo, en fecha reciente adoptó diversas iniciativas que demuestran su compromiso con la rendición de cuentas y la integridad. En febrero de 2019, el OSITRAN adoptó una Política Antisoborno en la que se compromete a lo siguiente:

- Prohibir el soborno en la organización.
- Cumplir con las leyes, regulaciones y reglas antisoborno aplicables a la organización.
- Cumplir con los requisitos de un sistema de gestión antisoborno.
- Promover el planteamiento de inquietudes de buena fe o sobre la base de una creencia razonable en confianza y sin temor a represalias.
- Designar a un oficial de cumplimiento, con autoridad para supervisar el diseño del sistema, garantizar el cumplimiento de los requisitos aplicables y guiar al personal respecto a aspectos relevantes del sistema de gestión antisoborno.

El incumplimiento de estas disposiciones estará sujeto a investigación y a procedimientos sancionadores.

Ese mismo mes el OSITRAN creó un mecanismo para denunciar supuestos actos de corrupción, el cual es accesible al personal y los ciudadanos, supervisado por el Jefe de Recursos Humanos. El informe puede hacerse por escrito o verbalmente, a través de un sitio web dedicado, una dirección de correo electrónico o por teléfono. La identidad del denunciante y el contenido del informe son confidenciales. Los informes hechos de mala fe son sujetos a sanciones. De igual manera, en 2019 se puso a disposición de los ciudadanos un mecanismo para presentar denuncias respecto a concesionarios.

En abril de 2019, el OSITRAN obtuvo la certificación ISO 37001 para el Sistema de Gestión Antisoborno. La implementación de un sólido sistema de gestión antisoborno tiene como objetivo inculcar una cultura antisoborno en la organización e implementar controles apropiados, lo cual a su vez aumenta la posibilidad de mitigar los riesgos de corrupción. En mayo de 2019, nombró a un oficial de cumplimiento. Las actividades de concientización en torno al Código de Ética de la Función Pública y la Política Antisoborno incluyen sesiones de capacitación para nuevos empleados y correos electrónicos informativos enviados al personal.

De acuerdo con el Decreto Supremo 138-2019-PCM, todos los servidores públicos del Poder Ejecutivo deben manifestar posibles conflictos de intereses mediante una Declaración Jurada de Intereses. Además, la directiva para el funcionamiento de la sesión del Consejo Directivo establece que, si uno de sus miembros tiene un posible conflicto de intereses, deberá abstenerse de votar en la sesión.

Las restricciones posteriores al empleo son regidas por la Ley 27588. Todos los miembros de consejos directivos, funcionarios de alto nivel, asesores y miembros de los tribunales administrativos, así como funcionarios o servidores públicos que hayan tenido acceso a información privilegiada o cuya opinión haya sido determinante en la toma de decisiones, están sujetos a una restricción de un año posterior a dejar su cargo. La restricción incluye brindar servicios bajo cualquier arreglo contractual, aceptar remuneración, formar parte del Consejo Directivo, adquirir de manera directa o indirecta acciones de una empresa asociada con el sector, firmar contratos con empresas o ser empleado por ellas.

Además, la Ley 26917 y el Reglamento General de Audiencias (REGA) establecen que los ex funcionarios del OSITRAN no pueden brindar servicios, de manera directa o indirecta, a las entidades reguladas durante un año después de dejar su cargo.

El OSITRAN actúa con la debida diligencia durante el proceso de selección de posibles empleados. Hasta la fecha, el regulador no ha tenido impedimento para reclutar y retener a su personal debido a sus actividades previas o posteriores a su empleo.

De conformidad con el Reglamento General de Tarifas del OSITRAN, las entidades reguladas pueden solicitar la organización de audiencias privadas para compartir comentarios sobre la propuesta tarifaria (véase *Participación de los actores interesados*). Se requiere al OSITRAN que publique en su sitio web una lista de todas las reuniones sostenidas con entidades reguladas, detallando los nombres y las funciones de los participantes, los aspectos debatidos y las conclusiones a las que se haya llegado. Sin embargo, se carece de protección explícita de los procesos de participación contra posibles conflictos de intereses de los participantes.

Rendimiento y resultados

Evaluar el desempeño de las entidades reguladas

El OSITRAN reúne una gran cantidad de datos e información de las entidades reguladas de todos los sectores bajo su competencia. A agosto de 2019, el OSITRAN no recaba información relacionada con la Hidrovía Amazónica debido a que el proyecto se encuentra en su etapa inicial. El regulador publica información relacionada con inversiones, operaciones, explotación, recursos financieros y gestión. La información sectorial no confidencial se publica en el sitio web del OSITRAN. Por ejemplo, la Gerencia de Regulación y Estudios Económicos (GRE) publica informes mensuales con información sectorial (boletines estadísticos) y la Gerencia de Supervisión y Fiscalización (GSF) publica informes bimestrales con información sobre tránsito, accidentes de tránsito y asuntos ambientales (reportes estadísticos).

La Declaración Estadística es una herramienta utilizada para recabar información de las entidades reguladas. Desde septiembre de 2013, dichas entidades deben llenar un documento en Excel mensual y presentarlo vía correo electrónico a declaracion.estadistica@ositran.gob.pe. Hasta la fecha, las entidades reguladas han presentado más de 16 000 formas de declaraciones estadísticas. El OSITRAN tiene facultades para recabar información sobre las entidades reguladas por medio de un proceso obligatorio.

La Gerencia de Regulación y Estudios Económicos (GRE) utiliza información proporcionada por las entidades reguladas para realizar análisis comparativos en los procedimientos de establecimiento de tarifas. Además, la GRE la emplea para dar seguimiento al comportamiento del mercado y verificar si los servicios con tarifas no reguladas se siguen proporcionando bajo condiciones competitivas. También se usa para dar a conocer a usuarios y a terceros el desempeño de las entidades reguladas en lo referente a la gestión de infraestructuras.

El OSITRAN reconoce las dificultades implícitas en la gestión, procesamiento y uso de la información recabada. Los recursos humanos y el presupuesto son limitados y las herramientas actuales no son eficientes. El OSITRAN está consciente de estos retos y tiene como objetivo mejorar el uso de las tecnologías de la información para gestionar con eficiencia la información vinculada con el desempeño del sector y de los contratos de concesión.

Cuadro 2.19. Información solicitada en la Declaración Estadística

Entidades reguladas	Información
Carreteras	Tráfico vehicular Recaudación Reporte de accidentes de tránsito Llamadas de emergencia Reclamos Auxilio mecánico en carreteras Control de asistencia médica Incidentes ambientales
Vías férreas	Tráfico de pasajeros, carga y operaciones Recaudación Reclamos Accidentes
Aeropuertos	Tráfico de pasajeros, carga y operaciones Recaudación Reclamos Conflictos socio-ambientales
Puertos	Tráfico de naves, contenedores (TEUS) y carga (TM) Niveles de servicio y productividad Recaudación Accidentes Inventario de bienes Reclamos Conflictos socio-ambientales

Fuente: Información proporcionada por OSITRAN, 2019.

Evaluar el desempeño del regulador

El marco estratégico del OSITRAN está incorporado en el Plan Estratégico Institucional (PEI 2019-2022), que establece siete objetivos estratégicos.

Cuadro 2.20. Plan Estratégico Institucional del OSITRAN 2019-2022

Prioridad	Objetivos estratégicos	Indicadores	2019	2020	2021	2022
1	Optimizar las actividades de supervisión y fiscalización (OEI.03)	Índice de eficiencia de supervisión y fiscalización	88%	91%	96%	99%
1	Optimizar la función reguladora para beneficio de los usuarios y la ciudadanía en general (OEI.04)	Índice de cumplimiento de la función reguladora	90%	93%	97%	100%
1	Fortalecer la protección de los derechos del usuario (OEI.05)	Índice de protección del usuario	61%	66%	68%	70%
2	Reforzar el posicionamiento del OSITRAN por parte de los actores y los ciudadanos (OEI.01)	Porcentaje de posicionamiento del OSITRAN	ND	ND	ND	ND
2	Optimizar su desarrollo organizacional (OEI.02)	Índice de desarrollo organizacional	48.2%	59.5%	82%	93%
2	Administrar eficientemente los recursos institucionales (OEI.06)	Índice de gestión de recursos	81%	87%	92%	95%
2	Implementar la gestión de riesgo de desastres	Número de estudios de implementación	2	2	2	2

Fuente: (OSITRAN, 2019[1]).

El PEI del OSITRAN tiene 38 acciones estratégicas y 38 indicadores. Cada objetivo estratégico tiene una matriz de acciones estratégicas e indicadores (véase el Anexo 2.A). El OSITRAN genera informes que dan seguimiento a la implementación de los objetivos estratégicos. La próxima evaluación del PEI 2019-2022 se dará a conocer en febrero de 2020.

Además, el OSITRAN elabora un Plan Operacional Institucional (POI), el cual asigna responsabilidades y presupuesto a los departamentos. El POI se vincula con el PEI mediante los objetivos y las acciones estratégicos. El POI se elabora sobre una base de tres años (al igual que el plan presupuestario), pero se actualiza anualmente y se le evalúa cada trimestre.

Rendición de cuentas

El OSITRAN le rinde cuentas al Congreso y a la vez está adscrito a la PCM. El regulador puede también ser llamado por el MTC u otros órganos gubernamentales pertinentes para aportar información u opiniones. El Congreso peruano suele invitar al regulador a intervenir en asuntos específicos o a emitir opiniones sobre reformas sectoriales y proyectos de ley. Dos comités ordinarios del Congreso están relacionados con las responsabilidades sectoriales del OSITRAN: la Comisión de Defensa del Consumidor y Organismos Reguladores (CODECO) y la Comisión de Transportes y Comunicaciones.

El OSITRAN presenta un informe anual sobre sus principales actividades. No se le requiere por ley compartir informes anuales con el Congreso u otro organismo. Sin embargo, el regulador recientemente se comprometió a entregar informes anuales de manera voluntaria a la CODECO, para así reforzar la transparencia y la rendición de cuentas (Resolución Presidencial 009-2017-PD-OSITRAN). La presentación deberá realizarse cada año, para el último día hábil de abril. El primer informe anual (2017) se presentó en abril de 2018, sin sesión plenaria. Los miembros de la CODECO no formularon preguntas sobre el desempeño del OSITRAN. El informe está disponible en el sitio web del OSITRAN (OSITRAN, 2018[8]).

En julio de 2018, el OSITRAN celebró una audiencia pública de rendición de cuentas, en la que la presidencia presentó el informe anual a diversos actores interesados. El OSITRAN publicó la convocatoria para esta audiencia en el Diario Oficial *El Peruano* el 6 de julio de 2018.

Notas

[1] Además del OSITRAN, estos incluyen: el Organismo Supervisor de la Inversión en Energía y Minería (Osinergmin), el Organismo Supervisor de Inversión Privada en Telecomunicaciones (OSIPTEL) y la Superintendencia Nacional de Servicios de Saneamiento (SUNASS).

[2] Para mayor información, en el *Estudio de la OCDE sobre Gobernanza Pública: Perú* de 2016, realizado como parte del Programa País de la OCDE Perú, se evaluó, entre otros temas, la gestión del servicio público profesional y la agenda de reforma de la administración pública de Perú, por medio de la Ley SERVIR (OECD, 2016[6]).

[3] Decreto Supremo 012-2015-PCM, artículo 7, cláusulas 16 y 17; artículo 9, cláusula 12.

[4] Decreto Supremo 012-2015-PCM, artículo 9, cláusula 12.

[5] Decreto Supremo 012-2015-PCM, artículos 8 y 9, cláusula 8.

[6] https://www.ositran.gob.pe/actas/consejo-directivo/.

[7] Por ejemplo, la información utilizada en los procedimientos de tarifas está disponible en el sitio web del Ositran: https://www.ositran.gob.pe/consultas-publicas/consultas-tarifarias/.

Referencias

Espinoza, E. (2019), *Methodology for Reducing Staff Turnover in Service Companies Based on Employer Branding and Talent Management*, http://dx.doi.org/10.1007/978-3-030-16053-1_56. [3]

OECD (2019), *Impulsando el desempeño del Organismo Supervisor de la Inversión en Energía y Minería de Perú*, Gobernanza de reguladores, OECD Publishing, Paris, https://dx.doi.org/10.1787/9789264310827-es. [4]

OECD (2019), *Impulsando el desempeño del Organismo Supervisor de la Inversión Privada en Telecomunicaciones de Perú*, Gobernanza de reguladores, OECD Publishing, Paris, https://dx.doi.org/10.1787/9789264310612-es. [5]

OECD (2018), *Política Regulatoria en el Perú: Uniendo el Marco para la Calidad Regulatoria*, Revisiones de la OCDE sobre reforma regulatoria, OECD Publishing, Paris, https://dx.doi.org/10.1787/9789264279001-es. [2]

OECD (2016), *Estudios de la OCDE sobre Gobernanza Pública: Perú: Gobernanza integrada para un crecimiento inclusivo*, Estudios de la OCDE sobre Gobernanza Pública, OECD Publishing, Paris, https://dx.doi.org/10.1787/9789264265226-es. [6]

OSITRAN (2019), *Plan Estratégico Institucional PEI 2019-2022*, OSITRAN, https://www.ositran.gob.pe/wp-content/uploads/2019/06/027CD2019.pdf. [1]

OSITRAN (2018), *Guía Práctica para la Aplicación de la Metodología de Determinación de Multas de Ositran, Nuevo Reglamento de Incentivos, Infracciones y Sanciones*, https://www.ositran.gob.pe/wp-content/uploads/2018/08/Guia_RIIS-1.pdf. [7]

OSITRAN (2018), *https://www.ositran.gob.pe/wp-content/uploads/2018/05/REPORTE_ANUAL_DESEMP_OSITRAN_20171.pdf*. [8]

Annex 2.A. Objetivos estratégicos e indicadores de OSITRAN

OSITRAN usa los indicadores descritos en la siguiente tabla para medir el cumplimiento de los siete objetivos estratégicos y de las treinta y ocho acciones estratégicas institucionales del PEI 2019-2022.

Cuadro de Anexo 2.A.1. **Matriz de los objetivos estratégicos institucionales (objetivos estratégicos y acciones estratégicas institucionales)**

PEI 2019-2022

Objetivos Estratégicos Institucionales (OEI)	Nombre del indicador	Fórmula del indicador
OEI.01: Fortalecer el posicionamiento del OSITRAN en relación a sus grupos de interés y ciudadanía en general	% de Posicionamiento del OSITRAN	(Número de encuestados que reconocen al OSITRAN/ Número total de encuestados)*100
Acciones estratégicas institucionales (AEI) del OEI. 01		
AEI.01.01: Disposiciones que fortalezcan el posicionamiento del OSITRAN en relación a sus grupos de interés y ciudadanía en general	% Resoluciones difundidas	Número de Resoluciones Difundidas / Número de Resoluciones Aprobadas PD/CD
AEI.01.02: Plan de Comunicaciones implementado adecuadamente en el OSITRAN	% de actividades ejecutadas del Plan de Comunicaciones	(Actividades del Plan de Comunicaciones desarrolladas / Total de actividades del Plan de Comunicaciones programadas) *100
OEI.02: Optimizar el Desarrollo Organizacional	Índice de Desarrollo Organizacional	IDO = 0.20 * (AEI.2.1) + 0.15 *(AEI. 2.2) + 0.15*(AEI. 2.3) + 0.15*(AEI. 2.4) + 0.15* (AEI. 2.5) + 0.1*(AEI.2.6) + 0.1*(AEI. 2.7)
Acciones Estratégicas Institucionales (AEI) del OEI. 02		
AEI.02.01: Cultura organizacional del OSITRAN fortalecida	Porcentaje de etapas del Plan de Fortalecimiento de la Cultura organizacional implementadas	(Número de etapas del Plan Fortalecimiento de la Cultura organizacional ejecutadas / Total de etapas programadas) * 100
AEI.02.02: Procesos estratégicos, operativos y de soporte del OSITRAN optimizados	Porcentaje de Procesos optimizados	(Número de procesos optimizados / Total de procesos por mejorar) * 100
AEI.02.03: Atención presencial al Usuario del OSITRAN fortalecida	Número de consultas atendidas por intermedio de las Oficinas Desconcentradas del OSITRAN	Número de usuarios atendidos a través de los canales de atención: i) presencial, ii) correo electrónico, iii) llamada telefónica, iv) portal del usuario; y, vi) aplicativos OSITRAN, desplegados por intermedio de las Oficinas Desconcentradas del OSITRAN
AEI.02.04: Contratos para la acción supervisora en concesiones gestionada eficazmente en el OSITRAN	% de procedimientos de selección eficazmente convocados	(Número de procedimientos de selección convocados dentro del tiempo optimo / Número total de procedimientos de selección solicitados) * 100
AEI.02.05: Política de Mejora Regulatoria con estándares OCDE implementada en el OSITRAN	% de Implementación del Plan de Trabajo de la Política de Mejora Regulatoria	(Número de actividades ejecutadas del Plan de Trabajo de la PMR / Total de actividades programadas del Plan de Trabajo de la PMR) *100
AEI.02.06: Sistema de Gestión	Porcentaje de etapas	(Número de etapas del Plan de Gestión del

Objetivos Estratégicos Institucionales (OEI)	Nombre del indicador	Fórmula del indicador
del Conocimiento implementado en el OSITRAN	implementadas del Plan de Gestión del Conocimiento	Conocimiento ejecutadas / Total de etapas programadas) * 100
AEI.02.07: Transformación digital integral de los procesos y servicios del OSITRAN	Porcentaje de servicios optimizados con TICs	(Cantidad de servicios TICs implementados / Total de servicios TICs) * 100
OEI.03: Optimizar la supervisión y fiscalización de la Infraestructura de Transporte de Uso Público	Índice de eficiencia en la Supervisión y Fiscalización de la Infraestructura de Transporte de Uso Público	ISF = 0.16*(AEI.3.1) + 0.12*(AEI.3.2) + 0.12*(AEI.3.3) + 0.12*(AEI.3.4) + 0.12*(AEI.3.5) + 0.12*(AEI.3.6) + 0.12*(AEI.3.7) + 0.12*(AEI.3.8)
Acciones Estratégicas Institucionales (AEI) del OEI. 03		
AEI.03.01: Función Supervisora y Fiscalizadora potenciada para sus beneficiarios	Índice de eficiencia de la función supervisora y fiscalizadora	IEFSF: 0.30* Planificación, gestión administrativa y de recursos para la GSF + 0.30* Servicios transversales necesarios para el cumplimiento de las funciones de la GSF + 0.10* procesos/ organización + 0.10* capacitación + tecnología *0.10 + gestión del conocimiento *0.10
AEI.03.02: Acciones de supervisión eficiente y oportuna en beneficio de usuarios de la Infraestructura Aeroportuaria	% de ejecución en el Plan de Supervisión respecto a infraestructura aeroportuaria	(Número de actividades ejecutadas / Total de actividades programadas) * 100
AEI.03.03: Acciones de supervisión eficiente y oportuna en beneficio de usuarios de la Infraestructura Portuaria	% de ejecución en el Plan de Supervisión respecto a infraestructura portuaria	(Número de actividades ejecutadas / Total de actividades programadas) * 100
AEI.03.04: Acciones de supervisión eficiente y oportuna en beneficio de usuarios de la Infraestructura Vial	% de ejecución en el Plan de Supervisión respecto a infraestructura vial	(Número de actividades ejecutadas / Total de actividades programadas) * 100
AEI.03.05: Acciones de supervisión eficiente y oportuna en beneficio de usuarios de la Infraestructura Férrea y Metro de Lima	% de ejecución en el Plan de Supervisión respecto a infraestructura férrea y Metro de Lima	(Número de actividades ejecutadas / Total de actividades programadas) * 100
AEI.03.06: Acciones de supervisión eficiente y oportuna en beneficio de usuarios de la Infraestructura de Hidrovías	% de ejecución en el Plan de Supervisión respecto a infraestructura de Hidrovías	(Número de actividades ejecutadas / Total de actividades programadas) * 100
AEI.03.07: Fiscalización eficiente del cumplimiento de las obligaciones contractuales de Entidades Prestadoras y Empresas Supervisoras	% de Expedientes atendidos dentro del plazo	(Expedientes atendidos dentro del plazo / Expedientes que correspondía atender en el periodo) * 100
AEI.03.08: Supervisión oportuna de la determinación de la base de cálculo del aporte por regulación y la retribución al Estado, efectuados por las Entidades Prestadoras	% de Informes de verificación de aporte por regulación y retribución emitidos	(Expedientes atendidos / Expedientes ingresados) * 100
OEI.04: Optimizar la función reguladora en beneficio de nuestros usuarios y ciudadanía en general	Índice de Cumplimiento de la Función Reguladora	ICFR =0.30 * (AEI.4.1) + 0.30 *(AEI.4.2) + 0.20(AEI.4.3) + 0.20*(AEI.4.4)
Acciones Estratégicas Institucionales (AEI) del OEI. 04		
AEI.04.01: Evaluación técnica eficaz del marco contractual regulatorio de las entidades prestadoras	% Documentos regulatorios	(Número de Documentos emitidos dentro del plazo establecido / Total de documentos programados) * 100
AEI.04.02: Análisis oportuno del comportamiento de los	Número de informes de desempeño de Infraestructura	Número de Documentos emitidos dentro del plazo establecido

Objetivos Estratégicos Institucionales (OEI)	Nombre del indicador	Fórmula del indicador
Mercados de Infraestructura de Transporte de Uso Público	de Transporte de Uso Público	
AEI.04.03: Programa consolidado de Investigación en regulación de Infraestructura de Transporte de Uso Público	Número de Documentos de investigación y metodológicos en regulación de Infraestructura de Transporte de Uso Público	Número de documentos emitidos
AEI.04.04: Programa de extensión Universitaria en Regulación de Infraestructura de Transporte de Uso Público implementado para estudiantes universitarios	Programa de Formación en materia de regulación realizado	Programa ejecutado
OEI.05: Fortalecer la protección de los derechos de los usuarios de la Infraestructura de Transporte de Uso Público	Índice del grado de protección del usuario	IGPU= 0.20*(AEI.5.1) + 0.16*(AEI.5.2) + 0.16*(AEI.5.3) + 0.16*(AEI.5.4) + 0.16*(AEI.5.5) + 0.16*(AEI.5.6) + 0.16*(AEI.5.7)
Acciones Estratégicas Institucionales (AEI) del OEI. 05		
AEI.05.01: Modelo de Calidad de Atención al Usuario implementado en beneficio de usuarios de la Infraestructura de Transporte de Uso Público	Porcentaje de fases del modelo de calidad en atención al usuario implementadas	(Cantidad de fases implementadas / Total de fases del modelo de calidad en atención al usuario programadas) * 100
AEI.05.02: Canales de difusión y atención al usuario mejorados en beneficio de usuarios de la Infraestructura de Transporte de Uso Público.	Porcentaje de satisfacción respecto de los servicios de atención del OSITRAN	(Número de Usuarios satisfechos respecto de los servicios de atención del OSITRAN / Total de usuarios) * 100
AEI.05.03: Consejos de Usuarios (CU) fortalecidos con alta participación en beneficio de los usuarios	Porcentaje de sesiones ordinarias de Consejos de usuarios ejecutados	(Número sesiones ordinarias de Consejos de usuarios ejecutadas / Número sesiones ordinarias de Consejos de usuarios programadas) * 100
AEI.05.04: Solución de reclamos y controversias oportuna en beneficio de usuarios de la Infraestructura de Transporte de Uso Público	Porcentaje de reclamos solucionados oportunamente	(Número de Reclamos presentados en el año solucionados / Total de reclamos presentados en el año) * 100
AEI.05.05: Programas educativos específicos sobre los deberes y derechos de los usuarios y representantes de entidades prestadoras de la Infraestructura de Transporte de Uso Público	% de conocimiento de los usuarios de la entidad prestadora respecto de los derechos y deberes como usuarios de la Infraestructura de Transporte de Uso Público	Porcentaje en el nivel de conocimiento de los usuarios de la entidad prestadora respecto de los derechos y deberes como usuarios de la Infraestructura de Transporte de Uso Público.
AEI.05.06: Investigación y estudios relacionados a temas de protección a los usuarios	% de Documentos de trabajo de investigación elaborados oportunamente	(Número de Documentos de Trabajo en materias de protección a usuarios elaborados/ Número de Documentos de Trabajo en materias de protección a usuarios programados)*100
OEI.06: Administrar eficientemente los recursos institucionales del OSITRAN	Índice de Gestión de Recursos Organizacionales	IGRO = 0.15*(AEI.6.1) + 0.15*(AEI.6.2) +0.1*(AEI.6.3) +0.1* (AEI.6.4) + 0.1*(AEI.6.5) + 0.1*(AEI.6.6)+0.1*(AEI.6.7)+0.1*(AEI.6.8)+0.1*(AEI.6.9)
Acciones Estratégicas Institucionales (AEI) del OEI. 06		
AEI.06.01: Gestión y Desarrollo del Talento Humano eficiente en el OSITRAN	% de Implementación del Plan de Gestión y Desarrollo del Talento Humano	(Número de fases implementadas / Total de Fases programadas) * 100
AEI.06.02: Gestión de Abastecimiento eficiente en el OSITRAN	% de Procedimientos de selección adjudicados	(Cantidad de Procedimientos de selección adjudicados en el año /Cantidad Procedimientos de selección convocados)*100

Objetivos Estratégicos Institucionales (OEI)	Nombre del indicador	Fórmula del indicador
AEI.06.03: Gestión de Tesorería institucional eficiente en el OSITRAN	% de cumplimiento de la Cancelación de Obligaciones dentro de los plazos establecidos	(Expedientes girados dentro del plazo / Total de Expedientes devengados)*100
AEI.06.04: Gestión de Contabilidad eficiente en el OSITRAN	% de EEFF y Presupuestales presentados dentro de los plazos establecidos	(EEFF y Presupuestales presentados dentro de los plazos establecidos / EEFF y presupuestales programados)*100
AEI.06.05: Gestión de Planeamiento y Presupuesto institucional eficiente en el OSITRAN	% cumplimiento oportuno en la Formulación y evaluación de Planes Institucionales	(Número de Informes emitidos / Numero informes Programados)*100
AEI.06.06: Servicios de TI eficientes en el OSITRAN	Índice de Gestión de Servicios de TI	$IGTI = 0.25*F1 + 0.25*F2 + 0.25*F3 + 0.25*F4$
AEI.06.07: Capacidad de la infraestructura del OSITRAN mejorada	% de implementación de la infraestructura	(Actividades de implementación ejecutadas / Actividades de implementación programadas) * 100
AEI.06.08: Gestión oportuna de las obligaciones institucionales del OSITRAN	% Obligaciones Institucionales ejecutadas	(Número de Obligaciones ejecutadas / Número de Obligaciones programadas) * 100
AEI.06.09: Gestión oportuna de las actividades de Asesoría Jurídica Regulatoria y Contractual del OSITRAN	% Informes emitidos	(Número de Informes emitidos / Número de Informes ingresados * 100
OEI.07: Implementar la Gestión de Riesgo de Desastres	Número de Informes de implementación de la GRD	Número de Informes emitidos
Acciones Estratégicas Institucionales (AEI) del OEI. 07		
AEI.07.01: Informe de evaluación de la estimación, prevención y reducción de riesgos de desastres en el OSITRAN	Número de Informes emitidos del Plan Anual de Continuidad	Número de Informes emitidos
AEI.07.02: Capacidades de respuesta eficiente y oportuna en casos de desastre en el OSITRAN	Número de capacitaciones a los servidores de la entidad en gestión del riesgo de desastres	Número de capacitaciones realizadas

Fuente: (OSITRAN, 2019[1]), Plan Estratégico Institucional PEI 2019-2022, OSITRAN, https://www.ositran.gob.pe/wp-content/uploads/2019/06/027CD2019.pdf.

Anexo A. Metodología

Medir el desempeño de los reguladores constituye un reto, empezando porque se debe definir qué se medirá, lidiar con factores confusos, atribuir resultados a las intervenciones y enfrentarse a la falta de datos e información. En este capítulo se describe la metodología desarrollada por la OCDE para ayudar a los organismos reguladores a enfrentar estos retos por medio de un Marco para la Evaluación del Desempeño de los Reguladores Económicos (*Performance Assessment Framework for Economic Regulators,* PAFER), que conforma este estudio. El capítulo muestra parte del trabajo realizado por la OCDE sobre medición del desempeño regulatorio. Luego describe las características clave del PAFER y ofrece una tipología de los indicadores de desempeño para medir insumos, proceso, rendimiento y resultados. Por último, presenta una perspectiva del criterio y las medidas prácticas tomadas para desarrollar este informe.

Marco analítico

El marco analítico que conforma este estudio se basa en el trabajo realizado por la OCDE al medir el desempeño regulatorio y la gobernanza de los reguladores económicos. Los países miembros de la OCDE y los reguladores han reconocido la necesidad de medir este desempeño. La información sobre este desempeño es necesaria para destinar mejor los escasos recursos y optimizar el desempeño general de las normas regulatorias y de los reguladores. Sin embargo, la medición del desempeño regulatorio puede resultar todo un desafío. Algunos de estos retos incluyen:

- *Qué medir*: los sistemas de evaluación requieren un diagnóstico de la manera en que los insumos influyen en el rendimiento y los resultados. En el caso de la política regulatoria, los insumos pueden centrarse en: i) los programas generales diseñados para promover una mejora sistemática de la calidad regulatoria; ii) la aplicación de prácticas específicas tendientes a mejorar la regulación o iii) cambios en el diseño de reglamentos específicos.

- *Factores confusos*: hay infinidad de problemas contingentes que influyen en los resultados en la sociedad a la que se prevé que afecte la regulación. Estos problemas pueden ser tan sencillos como un cambio en el estado del tiempo o tan complicados como la última crisis financiera. Por consiguiente, es difícil establecer una relación causal directa entre la adopción de mejores prácticas regulatorias y mejoras específicas en los resultados de bienestar buscados en la economía.

- *Falta de datos e información*: los países suelen carecer de datos y metodologías para identificar si las prácticas regulatorias se ejecutan correctamente y qué impacto pueden tener en la economía real.

El *Marco de la OCDE para la evaluación de la política regulatoria* (OECD, 2014[1]) aborda estos retos con una lógica de insumos-proceso-rendimiento-resultados, la que divide el proceso regulatorio en una secuencia de pasos concretos. Dicha lógica es flexible y puede aplicarse tanto a la evaluación de las prácticas para mejorar la normativa regulatoria en general, como a la evaluación de la normativa regulatoria en sectores específicos, con base en la identificación de objetivos estratégicos pertinentes. Puede adaptarse a los reguladores económicos tomando en cuenta las condiciones que respaldan su desempeño (Recuadro A A.1).

Los *Principios para la Mejores Prácticas de la OCDE en materia de Política Regulatoria: Gobernanza de Reguladores* (OECD, 2014[2]) identifica algunas de las condiciones que respaldan el desempeño de los reguladores económicos. Reconocen la importancia de evaluar la manera en que un regulador se dirige, controla, financia y se responsabiliza, con el fin de aumentar la eficacia general de los reguladores y promover el crecimiento y la inversión, incluyendo el apoyo a la competencia. Más aún, confirman el efecto positivo que el propio proceso interno del órgano regulador – cómo gestiona los recursos y qué procesos implanta para regular determinado sector o mercado – tiene en los resultados (Gráfica A A.1).

Recuadro A A.1. Secuencia lógica de insumos-proceso-rendimiento-resultados

- Paso I. Insumos: los indicadores incluyen, por ejemplo, el presupuesto y el personal del cuerpo de supervisión regulatoria.

- Paso II. Proceso: los indicadores evalúan si hay requisitos formales para buenas prácticas regulatorias. Esto incluye los requisitos para establecer objetivos, la consulta, análisis de hechos fehacientes, simplificación administrativa, evaluaciones de riesgos y armonización internacional de cambios regulatorios.

- Paso III. Rendimiento: los indicadores proporcionan información que comunica si en realidad se implementaron buenas prácticas regulatorias.

- Paso IV. Impacto del diseño en los resultados (también denominados resultados intermedios): los indicadores evalúan si las buenas prácticas regulatorias contribuyeron a mejorar la calidad de los reglamentos. Por ende, intenta crear un vínculo causal entre el diseño de la política regulatoria y los resultados.
- Paso V. Resultados estratégicos: los indicadores evalúan si se lograron los resultados deseados con la política regulatoria, tanto en función de la calidad regulatoria como de resultados regulatorios.

Fuente: (OECD, 2014[1]).

Gráfica A A.1. Principios de las mejores prácticas de la OCDE en materia de gobernanza de los reguladores

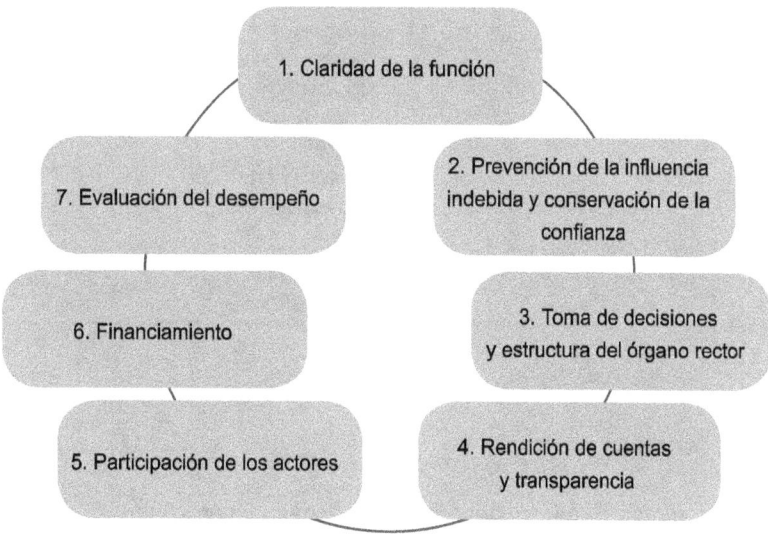

Fuente: Adaptado de (OECD, 2014[2]).

Los dos marcos se juntan en un Marco para la Evaluación del Desempeño de los Reguladores Económicos (*Performance Assessment Framework for Economic Regulators*, PAFER) que estructura los impulsores del desempeño en el marco de insumos-proceso-rendimiento-resultado (Cuadro A A.1).

Cuadro A A.1. Criterios para evaluar el propio marco de desempeño de los reguladores

Referencias	Objetivos estratégicos	Insumos	Proceso	Rendimiento y resultados
Principios de las mejores prácticas para la gobernanza de los órganos reguladores	• Claridad del rol	• Financiamiento	• Conservación de la confianza y prevención de la influencia indebida	• Evaluación de desempeño
			• Toma de decisiones y estructura del órgano rector	

Referencias	Objetivos estratégicos	Insumos	Proceso	Rendimiento y resultados
			• Rendición de cuentas y transparencia	
			• Participación de los actores interesados	
¿Impulsores institucionales, organizacionales y de monitoreo?	• Objetivos y metas	• Gestión presupuestaria y financiera	• Estrategia, liderazgo y coordinación	• Estándares e indicadores de desempeño
	• Funciones y facultades	• Gestión de recursos humanos	• Estructura institucional	• Procesos e informes de desempeño
			• Sistemas de gestión y procesos operativos	• Retroalimentación o evidencia externa del desempeño
			• Relaciones y contactos con los órganos de gobierno, las entidades reguladas y otros actores interesados clave	
			• Herramientas de gestión regulatoria	

Fuente: Análisis OCDE.

Indicadores de desempeño

Para los reguladores, los indicadores de desempeño necesitan ser adecuados para la evaluación del desempeño, la cual es una valoración analítica, sistemática, de las actividades del órgano regulador con el fin de buscar la confiabilidad y funcionalidad de sus actividades. La evaluación del desempeño no es una auditoría que juzga cómo llevan a cabo su misión los empleados y directores, ni un control que haga énfasis en el cumplimiento de las normas (OECD, 2004[3]).

Por consiguiente, los indicadores de desempeño necesitan evaluar el uso eficiente y eficaz de los insumos de un regulador, la calidad de los procesos regulatorios e identificar el rendimiento y algunos resultados directos que puedan atribuirse a las intervenciones del regulador. Los resultados más amplios deberán servir como "atalaya" que proporciona la información que el regulador puede utilizar para identificar las áreas problemáticas, orientar las decisiones e identificar las prioridades (Gráfica A A.2).

Gráfica A A.2. Marco de insumos-proceso-rendimiento-resultados para los indicadores de desempeño

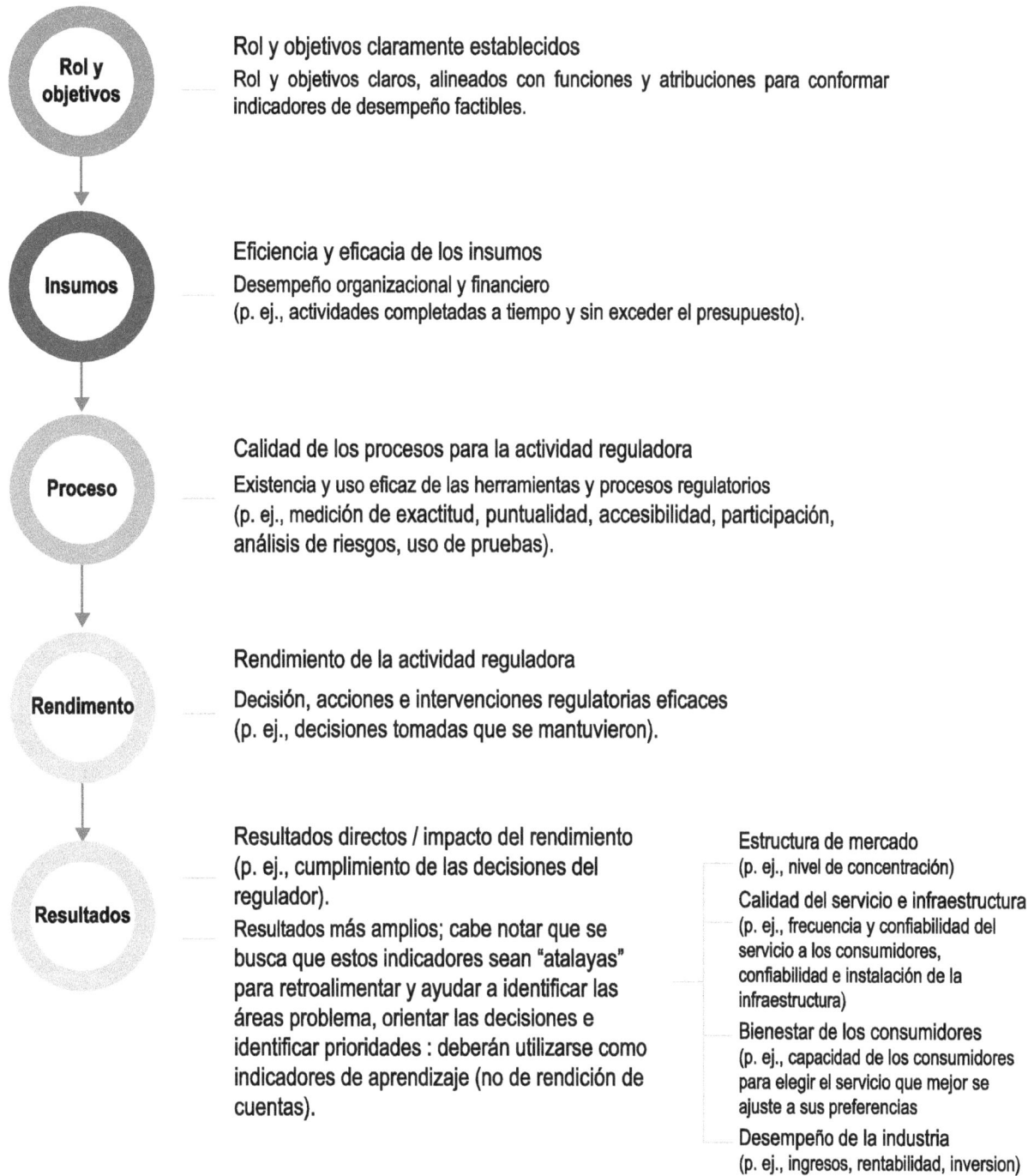

Notas: Este marco fue propuesto en la metodología inicial para el Marco para la Evaluación del Desempeño de los Reguladores Económicos (Performance Assessment Framework for Economic Regulators, PAFER) analizado con la Red de Reguladores Económicos (Network of Economic Regulators, NER) de la OCDE. Se afinó para reflejar la retroalimentación de los miembros de la NER y la experiencia de otros reguladores en la evaluación de su propio desempeño.

Fuente: (OECD, 2015[4]), Driving Performance at Colombia's Communications Regulator, gráfica 3.3 (actualizado en 2017), http://dx.doi.org/10.1787/9789264232945-en.

Criterio

El marco analítico presentado antes dio cuenta de la recopilación de datos y del análisis presentado en el informe. El presente informe se centró en los elementos de gobernanza interna y externa del Organismo Supervisor de la Inversión en Infraestructura de Transporte de Uso Público, OSITRAN, en las siguientes áreas:

- *Objetivos estratégicos*: identificar objetivos, propósitos o metas claramente establecidos que estén en armonía con las funciones y facultades del regulador, lo cual puede documentar el desarrollo de los indicadores de desempeño viables.
- *Insumos*: determinar el grado en que el financiamiento y el personal del regulador son acordes con los objetivos, propósitos o metas de éste y a la capacidad del regulador para gestionar recursos financieros y humanos de manera autónoma y eficaz.
- *Proceso*: evaluar el grado en que los procesos y la gestión organizacional respaldan el desempeño del regulador.
- *Rendimiento y resultados*: identificar una evaluación sistemática del desempeño de las entidades reguladas, el impacto de las decisiones y actividades del regulador y el grado en que estas mediciones se usan adecuadamente.

Los datos que conforman el análisis presentado en el informe se recabaron mediante una revisión de documentos, una misión de investigación y una misión de pares que visitó Perú:

- *Cuestionario y revisión de documentos*: OSITRAN completó un cuestionario detallado que luego fue revisado por la Secretaría de la OCDE. La Secretaría llevó a cabo un examen preliminar de la legislación y de los documentos del OSITRAN para recabar información sobre el funcionamiento *de jure* del órgano e informar la base de la misión de investigación. Este cuestionario fue diseñado para OSITRAN, basado en la metodología ya aplicada por la OCDE a la Comisión de Regulación de Comunicaciones de Colombia (OECD, 2015[4]); la Comisión de Servicios Públicos de Letonia (OECD, 2016[5]); los tres reguladores de energía de México (OECD, 2017[6]); (OECD, 2017[7]); (OECD, 2017[8]); (OECD, 2017[9]); la Comisión para la Regulación de Servicios Públicos de Irlanda (OECD, 2018[10]); el Organismo Supervisor de la Inversión en Energía y Minería (OECD, 2019[11]) y el Organismo Supervisor de la Inversión Privada en Telecomunicaciones (OECD, 2019[12]).
- *Misión de investigación*: la misión fue realizada por el personal de la Secretaría de la OCDE del 27 al 31 de mayo de 2019 en Lima y fue la herramienta clave para complementar la información *de jure* con la *de facto*. El trabajo de la misión de investigación adaptó la metodología del PAFER a las características del OSITRAN. La información recabada se completó y constató con el OSITRAN, y se identificaron aspectos para posterior discusión.
- *Misión de pares*: la misión se llevó a cabo del 10 al 13 de septiembre de 2019 en Lima e incluyó revisores pares de Canadá, España y México, además del personal de la Secretaría de la OCDE. El equipo de la misión se reunió con actores interesados clave para el OSITRAN, tanto internos como externos. Al final de la misión, el equipo discutió los hallazgos y recomendaciones preliminares conjuntamente con la alta dirección del OSITRAN, para probar su viabilidad.

Durante las misiones de investigación y de pares, el equipo se reunió con la alta dirección de OSITRAN, así como con el personal del regulador. Además, el equipo se reunió con instituciones públicas y actores interesados externos, incluyendo:

Entidades públicas

- Agencia de Promoción de la Inversión Privada, Proinversión.
- Autoridad Autónoma del Sistema Eléctrico de Transporte Masivo de Lima y Callao, ATEE.
- Autoridad Portuaria Nacional, APN.
- Congreso de la República del Perú, Comisión de Transportes y Comunicaciones.
- Contraloría General de la República.
- Instituto Nacional de Defensa de la Competencia y Protección de la Propiedad Intelectual, Indecopi.
- Ministerio de Transportes y Comunicaciones (MTC).
- Presidencia del Consejo de Ministros (PCM).

Entidades privadas

- Aeropuertos Andinos del Perú.
- Aeropuertos del Perú.
- APM Terminals Callao.
- Asociación para el Fomento de la Infraestructura Nacional (AFIN).
- Concesionaria Vial del Sol S.A. (COVISOL).
- Concesionaria Vial del Perú S.A. (COVIPERÚ).
- Corporación Peruana de Aeropuertos y Aviación Comercial S.A., (CORPAC).
- DP WORLD CALLAO S.R.L.
- Ferrocarril Trasandino S.A.
- GYM Ferrovías S.A.
- IIRSA Norte.
- Lima Airport Partners (LAP).
- Sociedad Concesionaria del Metro de Lima
- Terminal Internacional del Sur (Matarani).

Consejos de usuarios

- Consejo de Usuarios de Aeropuertos.
- Consejo de Usuarios de Puertos.
- Consejo de Usuarios de la Red Vial.
- Consejo de Usuarios Ferroviarios.
- Consejo de Usuarios de Arequipa.
- Consejo de Usuarios de Cuzco.
- Consejo de Usuarios de Loreto.
- Consejo de Usuarios de Piura.

Referencias

OECD (2019), *Impulsando el desempeño del Organismo Supervisor de la Inversión en Energía y Minería de Perú*, Gobernanza de reguladores, OECD Publishing, Paris, https://dx.doi.org/10.1787/9789264310827-es. [11]

OECD (2019), *Impulsando el desempeño del Organismo Supervisor de la Inversión Privada en Telecomunicaciones de Perú*, Gobernanza de reguladores, OECD Publishing, Paris, https://dx.doi.org/10.1787/9789264310612-es. [12]

OECD (2018), *Driving Performance at Ireland's Commission for Regulation of Utilities*, The Governance of Regulators, OECD Publishing, Paris, https://dx.doi.org/10.1787/9789264190061-en. [10]

OECD (2017), *Impulsando el desempeño de la Agencia de Seguridad, Energía y Ambiente de México*, Gobernanza de reguladores, OECD Publishing, Paris, https://dx.doi.org/10.1787/9789264280991-es. [9]

OECD (2017), *Impulsando el desempeño de la Comisión Nacional de Hidrocarburos de México*, Gobernanza de reguladores, OECD Publishing, Paris, https://dx.doi.org/10.1787/9789264280908-es. [8]

OECD (2017), *Impulsando el desempeño de la Comisión Reguladora de Energía de México*, Gobernanza de reguladores, OECD Publishing, Paris, https://dx.doi.org/10.1787/9789264280960-es. [7]

OECD (2017), *Impulsando el desempeño de los órganos reguladores en materia energética de México*, Gobernanza de reguladores, OECD Publishing, Paris, https://dx.doi.org/10.1787/9789264272996-es. [6]

OECD (2016), *Driving Performance at Latvia's Public Utilities Commission*, The Governance of Regulators, OECD Publishing, Paris, https://dx.doi.org/10.1787/9789264257962-en. [5]

OECD (2015), *Driving Performance at Colombia's Communications Regulator*, OECD Publishing, Paris, https://dx.doi.org/10.1787/9789264232945-en. [4]

OECD (2014), *OECD Framework for Regulatory Policy Evaluation*, OECD Publishing, Paris, https://dx.doi.org/10.1787/9789264214453-en. [1]

OECD (2014), *The Governance of Regulators*, OECD Best Practice Principles for Regulatory Policy, OECD Publishing, Paris, https://dx.doi.org/10.1787/9789264209015-en. [2]

OECD (2004), *The choice of tools for enhancing policy impact: Evaluation and review*, http://www.oecd.org/officialdocuments/publicdisplaydocumentpdf/?cote=gov/pgc(2004)4&doclanguage=en. [3]